日本語能力試験 20日で合格

N2
文法力アップドリル

国書日本語学校

国書刊行会

はじめに

　アニメ、マンガ、和食などに代表される「クールジャパン」により、日本に興味を持つ人や、観光客や留学生が増えています。それに伴い日本語を学ぶ外国人が増え、さらにグローバル化に伴い、さまざまな国の人とコミュニケーションをとる機会が増えています。日本語のみならず、外国語を学ぶことは、今後ますます重要になっていくでしょう。

　本書は、日本語能力試験対策のために、すでに4冊出版されている『20日で合格』シリーズの新しい1冊です。特に「文法」を重点的に学ぶために作成しました。

　本書では、試験に出題される文法項目・機能語の中でも、頻度が高いものを1日分6項目、20日で120項目を取り上げています。

　説明部分では、「これだけ押さえておけば、合格できる」と思われる内容を厳選してあります。また、覚えておくとよいポイントも「Point!」として紹介しています。

　練習問題は、試験と同じ形式の問題だけでなく、学んだことを自分のものにできるようにするため、作文問題も掲載しているので、ぜひ自分の力を試してみてください。

　問題の文章には、「言語を勉強するだけではなく、その国の文化も知ってほしい、またみなさんの国との違いも知ってほしい」という気持ちから、日本と各国の習慣や文化などを取り上げています。

　最後に、本書で学んだ学習者の方が、試験に合格できるよう願っています。

2023年1月

著　者

目　次

この問題集には別冊解答がついています。

本書の使い方

　本書は、「日本語能力試験」の「N2・文法」の対策問題集です。

　文法項目・機能語を1日分（1課分）6項目、20日で120項目を取り上げ、掲載してあります。項目を選定する際には、『日本語能力試験出題基準［改訂版］』、『新しい「日本語能力試験」ガイドブック概要版と問題例集』、『日本語能力試験　公式問題集』『日本語能力試験　公式問題集　第二集』（いずれも独立行政法人国際交流基金・公益財団法人日本国際教育支援協会編著）、「日本語能力試験・公式サイト」を参考にしました。

　見出しとなっている文法項目・機能語（❶）の「接続」（❷）は、代表的な形にしぼり、かならずしもすべての形を取り上げているわけではありませんが、基本的、実用的な接続の形は、ほぼ掲載してあります。「意味」（❸）、「例」（❹）と一緒に覚えられるようにしました。「Point !」（❺）ではさらにもう少し紹介したい説明を載せています。学習者のために、説明のページにはすべてふりがなを付けました。

　例文などに使用している語彙は、N1レベル以上のものが含まれています。掲載している文法項目・機能語は、シリーズの『N3 文法力アップドリル』と重複しているものもあります。

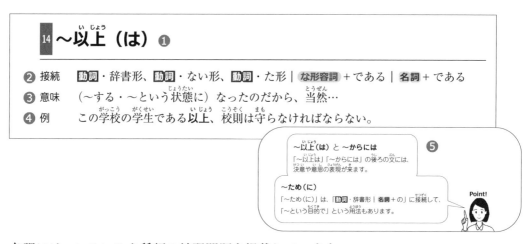

　各課には、いろいろな種類の練習問題を掲載しています。

　各「Ⅰ 基礎問題」は、基本的に助詞、接続、機能語の順で構成されています。「Ⅱ 応用問題」は、その課で取り上げた文法項目・機能語を混合しています（助詞や接続の関係などのため、その課で学習していない他の機能語を出題しています）。「Ⅲ 組み立て問題」、「Ⅳ 文章問題」は試験に出題される形式の問題です。

　5日分（5課分）ごとに「まとめ問題」で確認できるようにしてあります。また覚えた文法項目を使えるようになるため「作文」問題もあります。各文法項目・機能語の例文や問題、「Point !」などで文を確認できることや、学習者本人の作る文は、多様なものになるであろうことから、「作文」問題に関しては、解答を掲載していません。

本書で使用している主な「接続」の表現は以下の通りです。

動詞

動詞・辞書形	→	例「見る」
動詞・ない形	→	「見ない」
動詞・ます形	→	「見」
動詞・て形	→	「見て」
動詞・た形	→	「見た」
動詞・意向形	→	「見よう」
動詞・条件形	→	「見れば」
動詞・可能形	→	「見られる」
動詞・〜ている	→	「見ている」
動詞・〜ていた	→	「見ていた」

い形容詞

い形容詞	→	例「小さい」
い形容詞＋〜く	→	「小さく」
い形容詞＋〜くて	→	「小さくて」
い形容詞＋〜くある	→	「小さくある」
い形容詞＋〜くても	→	「小さくても」
い形容詞＋〜くさえ	→	「小さくさえ」
い形容詞＋〜ければ	→	「小さければ」
い形容詞＋「い」を取る	→	「小さ」

名詞

名詞	→	例「車」
名詞＋の	→	「車の」
名詞＋でも	→	「車でも」
名詞＋なら	→	「車なら」
名詞＋である	→	「車である」
＊**名詞**＋だ	→ 普通形「名詞」を参照	

な形容詞

な形容詞＋な	→	例「元気な」
な形容詞＋で	→	「元気で」
な形容詞＋でも	→	「元気でも」
な形容詞＋なら	→	「元気なら」
な形容詞＋でさえ	→	「元気でさえ」
な形容詞＋である	→	「元気である」
な形容詞＋「な」を取る	→	「元気」

普通形　動詞　　：「見る」「見ない」「見た」「見なかった」

　　　　い形容詞　：「小さい」「小さくない」「小さかった」「小さくなかった」

　　　　な形容詞　：「元気だ」「元気ではない／元気じゃない」「元気だった」
　　　　　　　　　　「元気ではなかった／元気じゃなかった」

　　　　名詞　　　：「車だ」「車ではない／車じゃない」「車だった」
　　　　　　　　　　「車ではなかった／車じゃなかった」

　　　　＊「では」は書き言葉、「じゃ」は話し言葉で使います

第1日

1 ～あげく（に）

接続　動詞・た形｜名詞 ＋の

意味　～た結果、その結果

例　　ぎりぎりまで悩んだ**あげく**（に）、今回の旅行はキャンセルすることにした。

2 ～すえに

接続　動詞・た形｜名詞 ＋の

意味　～た結果、～の最後に

例　　何回も会議を重ねた**すえに**、今後の方向性を決めることができた。

応用　「**すえに**」には、「（月などの）終わりに」という意味もある。

例　　来月の**すえに**、２号店をオープンする。

3 ～に関して／～に関する

接続　名詞　～に関する［＋ 名詞］

意味　～を、～に関係して、～について

　　　＊「～に関して」は「～について」の少しかたい表現。

例　　このゼミでは、自身のテーマ**に関して**、段階的に知識を深め、プレゼンテーションを行う。

　　　患者**に関する**情報を担当看護師から聞き、今後の治療方針を決めていく。

4 ～に対して／～に対する

接続　**名詞**　～に対する［＋**名詞**］

意味　～に向けて

例　現在の小学校では、児童に対して、英語教育を行っている。

今回は、みなさんのご質問に対するお答えはできませんので、ご了承ください。

5 ～について

接続　**名詞**

意味　～を、～に関係して

例　明日のホームルームで、文化祭の出し物について、みんなで決めましょう。

＊「～について」は「～に関して」の少しやわらかい表現。

6 ～をめぐって／～をめぐり

接続　**名詞**

意味　～に関して、～について

例　環境問題をめぐって（めぐり）、各国で対策を議論している。

応用　「**名詞**＋をめぐる＋**名詞**」という形もある。

例　A社のリコールをめぐる問題が連日メディアで取り上げられている。

「～あげく」は、たとえば「悩む」や「考える」などに接続します。
続く文はマイナス文になります。

「～に対して」は、「～とは反対に」という意味の用法もあります。

接続　**動詞**＋の｜**い形容詞**＋の｜**な形容詞**＋の｜**名詞**

▶おとなしい姉に対して、妹は活発だ。

「～をめぐって」の後ろに来る動詞は、
「話し合う」、「論争する」、「争う」など、
決まった動詞になることが多いです。

Point!

次の文の（　　　）に入れるのに最もよいものを、1・2・3・4から一つ選びなさい。

---

1 お客様にいろいろと文句を（　　　）あげく、結局相手の勘違いだとわかった。

1 言って　　　　2 言われた　　　　3 言う　　　　4 言い

---

2 さんざん振り回されたあげく（　　　）、成果は出なかった。

1 も　　　　2 と　　　　3 に　　　　4 で

---

3 佐藤選手は、長いリハビリ生活を（　　　）すえに、復帰を果たした。

1 して　　　　2 する　　　　3 している　　　　4 した

---

4 激闘（　　　）すえに、わがチームが勝利を手にした。

1 の　　　　2 へ　　　　3 と　　　　4 が

---

5 マーケティング部では、ある（　　　）に関して、年代別や地域別で調べている。

1 項目　　　　2 項目だ　　　　3 項目である　　　　4 項目の

---

6 新発売の車のスペック（　　　）関して、このパンフレットをご覧ください。

1 が　　　　2 を　　　　3 の　　　　4 に

7 今回行った（　　　　　）に対する参加者たちの反応は、いまいちだった。

1　イベントの　　　　　　　　　　　2　イベントである
3　イベントだ　　　　　　　　　　　4　イベント

8 当ホテルでは、すべてのゲスト（　　　　　）対して、心のこもったサービスをいたします。

1　で　　　　　　　2　も　　　　　　　3　に　　　　　　　4　は

9 新商品のロゴの（　　　　　）について、もう一度相談したい。

1　デザインな　　　2　デザインの　　　3　デザイン　　　4　デザインだ

10 区の行事について（　　　　　）お知らせは、ホームページでご確認ください。

1　を　　　　　　　2　の　　　　　　　3　へ　　　　　　　4　が

11 審判の（　　　　　）をめぐり、選手や監督が激しく言い争っている。

1　判定な　　　　　2　判定の　　　　　3　判定だ　　　　　4　判定

12 土地の売却（　　　　　）めぐって、住民と業者が口論している。

1　を　　　　　　　2　に　　　　　　　3　と　　　　　　　4　も

Ⅱ 応用問題

次の文の（　　　）に入れるのに最もよいものを、1・2・3・4から一つ選びなさい。

1 来年就職活動をするので、希望している業界（　　　　）、今から調べておく。

  1　のすえに　　　　2　のあげく　　　　3　に関して　　　　4　にとって

2 ダムの建設工事を（　　　　）、国と村の住民が対立した。

  1　とわず　　　　2　めぐって　　　　3　はじめ　　　　4　おいて

3 新商品の開発のため、試行錯誤（　　　　）、最初に作った商品がいいという結論に
なった。

  1　のあげく　　　　2　について　　　　3　に対して　　　　4　をめぐって

4 今日は、自分たちの国の伝統的なお祭りに（　　　　）、みんなで話し合いましょう。

  1　めぐり　　　　2　すえに　　　　3　対して　　　　4　ついて

5 先生と何度も相談した（　　　　）決めた志望校です。

  1　対する　　　　2　関しての　　　　3　めぐる　　　　4　すえに

6 佐々木「ここまで迷わないで来られましたか。」
    ヤ　ン「はい、駅に海外の人（　　　　）のアナウンスや表示があったので、
        大丈夫でした。」

  1　について　　　　2　に対して　　　　3　に関する　　　　4　をめぐる

Ⅲ 組み立て問題

次の文の ___★___ に入る最もよいものを、1・2・3・4から一つ選びなさい。

---

1 今度、海外へ転勤することになったので、_____ _____ ___★___ _____ いるが、大変だ。

  1 書類を   2 ビザに   3 準備して   4 関する

---

2 先生「なぜ、日本に留学したのですか。」

    学生「日本のマンガを _____ _____ ___★___ _____ と思い、日本語を勉強
        するために日本に留学しました。」

  1 知りたい   2 読んで   3 について   4 日本の文化

---

3 その事件の犯行の動機は、_____ _____ ___★___ _____ だった。

  1 祖父の遺産   2 争い   3 をめぐる   4 親族の

---

4 考えに _____ _____ ___★___ _____ プランは、採用されなかった。

  1 抜いた   2 提出した   3 考え   4 あげくに

---

5 ニュース _____ _____ ___★___ _____ の政策を新しく打ち出したそうだ。

  1 に対して   2 によると   3 環境問題   4 政府は

---

6 居眠り運転で暴走した _____ _____ ___★___ _____ ガードレールにぶつかった。

  1 乗用車は   2 すえに   3 数百メートル   4 走った

Ⅳ 文章問題

次の文章を読んで、文章全体の内容を考えて、 1 から 6 の中に入る最もよい
ものを、1・2・3・4から一つ選びなさい。

私は、小さい頃から、海外生活にあこがれていたので、海外に提携校がある大学
に進学した。しかし、いろいろ 1 、留学するのをあきらめた。

留学はしなかったが、海外への興味はずっと持っていた。あるとき、インターネット
で中国のアニメ 2 、日本の声優達が話しているのを見て、中国の文化について
 3 、家の近所にある中国語講座に通い、中国語を学びはじめた。

最初は日本語と違う語順(注1)や漢字などを覚えるのが大変だったが、勉強を続け
ていくと、発音の違いや、語順の違いなどがわかってきた。街で中国の人が電話を
しているのを聞くと、話し方が怒っているように聞こえることが不思議だったが、
これは、「四声」(注2)が関係しているのだと気がついた。また日中文化 4 本を
読んだ。生活習慣にいろいろな違いはあるようだ。例えば、ご飯を食べるとき、日本
では「いただきます」と言うが、中国にはそのような挨拶はなく、みんなで食べる
ときに中国語で「チーバー」、日本語に翻訳すると、「食べましょう」と言うことがある
そうだ。年中行事では、年越しの過ごし方である。年越しそばを食べる 5 、中国
北部ではぎょうざを食べる習慣があるそうだ。

声に出して 6 、以前よりなめらかに話せるようになった。目標は、中国の
人と中国語でコミュニケーションをとることだ。

(注1) 語順：言葉の文の中の位置、順番。
(注2) 四声：中国語の声調を4つに分類したもの。

1

1　考えたついでに　　　　2　考えたくせに

3　考えたつもりが　　　　4　考えたあげく

2

1　をぬきにして　　　　2　によって

3　をめぐって　　　　4　にくらべて

3

1　興味がなかったわりに　　　　2　興味を持ちはじめたので

3　興味があるかもしれないが　　　　4　興味を持てずに

4

1　にそっての　　　　2　をとおしての

3　にとっての　　　　4　に関しての

5

1　日本人にとって　　　　2　日本に対して

3　日本中にわたって　　　　4　日本によって

6

1　練習したすえに　　　　2　練習をめぐって

3　練習に対して　　　　4　練習に関して言えば

第2日

7 〜まま

接続　動詞・た形、動詞・ない形｜い形容詞｜な形容詞＋な｜名詞＋の
意味　〜の状態で、〜ながら
例　赤ちゃんは口に指をくわえたまま、気持ちよさそうに眠っている。

応用　「辞書形＋がままに」という形で「〜とおりに」の意味もある。
例　思うがままに、生きられないこともある。

8 〜ままにする／〜ままになる

接続　動詞・た形、動詞・ない形｜名詞＋の
意味　〜の状態を続ける／〜の状態が続く

例　服についた汚れをそのままにしておくと、とれなくなるよ。
　　まだ準備が終わっていないので、荷物はそこに置いたままになっている。

9 〜きり

接続　動詞・た形｜名詞
意味　〜て最後（…ない）
例　親友と「また一緒に旅行しよう」と約束したきり、忙しくて会えていない。

応用①　「名詞＋きり」という形で「〜だけ」の意味もある。
例　一度でいいから、陳さんと2人きりで話したい。

応用②　「ます形＋きり」という形で「ずっと〜ている」の意味もある。
例　母はけがをした祖母の看病にかかりきりになっている。

10 ～以来

接続　**動詞**・て形｜**名詞**

意味　～てからずっと

例　彼は、チャンピオンになって**以来**、プレッシャーを感じているように見える。

11 ～一方だ

接続　**動詞**・辞書形

意味　～ていく（よくないことが進んでいく）

例　このところ何かと忙しくて、ストレスがたまる**一方**だ。

12 ～最中に／～最中だ

接続　**動詞**・～ている｜**名詞**＋の

意味　～ちょうどそのときに

例　運転している**最中**に、子どもが泣き出して、困ってしまった。
　　ただ今、先生は論文を書いている**最中**だ。

～以来
「長期間」を表す場面でしか使えません。
○ 弟は海外の大学に入学して以来、４年間一度も帰国していない。
× 弟は夕方家に帰って以来、夕食まで部屋から出てこない。

～最中に
突然何かが起こる場面で使われることが多いです。
状態動詞や瞬間動詞と一緒には使えません。

Point!

次の文の（　　　）に入れるのに最もよいものを、1・2・3・4から一つ選びなさい。

1 せっかくチャレンジしたことだから、何も（　　　）まま、終わるのは嫌だ。

　　1　わかる　　　　　　2　わかって　　　　3　わかった　　　　4　わからない

2 急な連絡が入り、鈴木さんは仕事をやりかけ（　　　）まま、部屋を出て行った。

　　1　も　　　　　　　　2　の　　　　　　　3　と　　　　　　　4　で

3 どろぼうは、（　　　）ままになっている。

　　1　取り逃がし　　　2　取り逃がす　　　3　取り逃がした　　　4　取り逃がそう

4　　親　　「なんで部屋を散らかしたまま（　　　）しておくの。」
　　　子ども「今、片づけようと思っていたのに。」

　　1　に　　　　　　　　2　へ　　　　　　　3　を　　　　　　　4　が

5 李さんとは（　　　）きり、一度も連絡を取っていない。

　　1　けんかをしない　　　　　　　　2　けんかをしよう
　　3　けんかをして　　　　　　　　　4　けんかをした

6 お金を借りに来るのは、（　　　）きりで、終わりにしてほしい。

　　1　今回　　　　　　2　今回で　　　　　3　今回だ　　　　　4　今回の

7 カキを食べておなかを（　　　　　）以来、生の貝が食べられなくなった。

1　壊す　　　　　　2　壊した　　　　　　3　壊して　　　　　4　壊し

8 あの（　　　　　）以来、トムさんはおびえている。

1　事件の　　　　　2　事件だ　　　　　3　事件である　　　4　事件

9 地球温暖化が進み、年々平均気温が（　　　　　）一方だ。

1　あがり　　　　　2　あがる　　　　　3　あがった　　　　4　あがるだろう

10 子どもが成長すると、お金が（　　　　　）一方だ。

1　かかって　　　　2　かかり　　　　　3　かかった　　　　4　かかる

11 オリエンテーションを（　　　　　）最中に、地震が起きた。

1　している　　　　2　しよう　　　　　3　して　　　　　　4　する

12 番組（　　　　　）最中に、ハプニングが起きた。

1　を　　　　　　　2　も　　　　　　　3　と　　　　　　　4　の

Ⅱ 応用問題

次の文の（　　　　）に入れるのに最もよいものを、1・2・3・4から一つ選びなさい。

1 不法投棄されたごみが、何年もその（　　　　）。

1　ままになっている　　　　　　　2　一方だ

3　しだいだ　　　　　　　　　　　4　最中だ

2 試験の（　　　　）、気持ちが悪くなり、トイレにかけ込んだ。

1　まま　　　　　2　最中に　　　　　3　以来　　　　　4　きり

3 高橋「そういえば、田中さんは元気かな？」

山口「学校を転校した（　　　　）、顔を見ていないね。」

1　以来　　　　　2　まま　　　　　3　きり　　　　　4　最中に

4 待遇がよくないので、若手社員が辞める（　　　　）。

1　せいだ　　　　2　最中だ　　　　3　一方だ　　　　4　ままにする

5 とても疲れていたので、服を着替えない（　　　　）、寝てしまった。

1　きり　　　　　2　まま　　　　　3　あげく　　　　4　すえに

6 探偵事務所を開業して（　　　　）、休みもなく働いている。

1　最中に　　　　2　きり　　　　　3　あげく　　　　4　以来

20

Ⅲ 組み立て問題

次の文の__★__に入る最もよいものを、1・2・3・4から一つ選びなさい。

1 留学のため、単身 _____ _____ __★__ _____ ふるさとへ帰っていない。

　1　渡って　　　　　2　一度も　　　　　3　以来　　　　　4　ブラジルへ

2 野球の試合の _____ _____ __★__ _____ 、試合は中止になった。

　1　最中に　　　　　2　雨が降って　　　3　きたので　　　4　急に

3 当校は100年という _____ _____ __★__ _____ ままにしている。

　1　制服を　　　　　2　大切にし　　　　3　歴史を　　　　4　創立当時の

4 最近、わが子を _____ _____ __★__ _____ という報道を見る。

　1　放置したまま　　2　親がいる　　　　3　遊びに行く　　4　車に

5 ある政治家は _____ _____ __★__ _____ ことはなかった。

　1　したきり　　　　2　謝罪会見を　　　3　現れる　　　　4　公の場に

6 年をとると、 _____ _____ __★__ _____ 一方だ。

　1　最近会った　　　2　さえ　　　　　　3　人の名前　　　4　忘れていく

Ⅳ 文章問題

次の文章を読んで、文章全体の内容を考えて、 | 1 | から | 6 | の中に入る最もよい
ものを、1・2・3・4から一つ選びなさい。

　　東京の大学で経済を学ぶため、大学に近く家賃が安いこの街で４年間過ごし、出
身地である九州で就職した。用事があり、| 1 | はじめてこの街を訪れた。街の
雰囲気は、明るく | 2 | 、変化したところもある。それはあちらこちらにインド
料理屋が増えたことだ。学生時代に一度、一軒だけあったカレー店に入ったきり、
| 3 | 。そのときはあまりのからさに驚いてしまったが、当時のことを思い出し、
また食べてみたくなったので、昼ご飯はカレーを食べることにした。

　　食事をしている | 4 | 気づいたが、北インドのカレーと南インドのカレーは違
うようだ。ナン（注1）と食べるのは北インドのカレーで、ご飯と食べるのは南イン
ドのカレーということだ。カレーがからいので、甘いラッシー（注2）を飲むと、と
てもおいしかった。店員が、常連と思われるお客様に「物価が上がって、経営が
| 5 | 。」という話をしていた。

　　この街もよいところは | 6 | 、新しい文化を取り入れていく街になっていると
感じた。

（注１）ナン：発酵させた生地を伸ばして、焼いたもの。
（注２）ラッシー：ヨーグルトをベースに作られる飲み物。

1
1 卒業したきり
2 卒業する一方で
3 卒業して以来
4 卒業したまま

2
1 静かだとしたら
2 静かなようなので
3 静からしいのに
4 静かなままだが

3
1 本場のカレーを食べたことがある
2 本場のカレーを食べていない
3 本場のカレーを食べよう
4 本場のカレーを食べてみたい

4
1 最中に
2 ままで
3 以来
4 たびに

5
1 大変にならないままになっている
2 大変になったきりだ
3 大変になることはない
4 大変になる一方だ

6
1 残したことにし
2 残したままにし
3 残したことになり
4 残したままになり

第3日

13 〜あまり（に）

接続	動詞・辞書形、動詞・た形｜い形容詞｜な形容詞＋な｜名詞＋の
意味	〜しすぎて
例	合格通知が来て、うれしさのあまり、跳びはねて足をぶつけてしまった。

＊後ろに続く文は「よくないことが起きる」表現です。

14 〜以上（は）

接続	動詞・辞書形、動詞・ない形、動詞・た形｜な形容詞＋である｜名詞＋である
意味	（〜する・〜という状態に）なったのだから、当然…
例	この学校の学生である以上、校則は守らなければならない。

15 〜おかげで／〜おかげだ

接続	動詞・た形｜い形容詞｜な形容詞＋な¦だった｜名詞＋の
意味	〜だから、〜といういい力で
例	ヒーローが活躍してくれたおかげで、街の平和は守られた。 私たちがこのすばらしい日を迎えられたのも、みなさまのご支援のおかげです。

16 〜からには

接続	動詞・辞書形、動詞・た形
意味	（〜する・〜という状態に）なったのだから、当然…
例	このクラスを担当するからには、全員 N2 の試験に合格させたい。

17 ～せいで／～せいだ

接続	普通形　＊「**な形容詞**＋な」、「**名詞**＋の」にも接続する。
意味	～だから（よくないことの原因）
例	私のシュートがはずれた**せいで**、チームは負けてしまった。
	テストの点数が低いのは、勉強時間が足りない**せいだ**。

応用	「普通形＋**せいか**」という形で「はっきり～が理由・原因とは言えないが…」の意味もある。
例	最近外を出歩かない**せいか**、太ってきた。

18 ～ため（に）

接続	普通形　＊「**な形容詞**＋な」、「**名詞**＋の」にも接続する。「**名詞**＋だ」は接続しない。
意味	～という原因で、～から
例	ただ今、場内が込み合っている**ため**（に）、今しばらくお待ちください。

～以上（は）と ～からには
「～以上は」「～からには」の後ろの文には、決意や意思の表現が来ます。

～ため（に）
「～ため（に）」は、「**動詞**・辞書形｜**名詞**＋の」に接続して、「～という目的で」という用法もあります。

Point!

次の文の（　　　）に入れるのに最もよいものを、1・2・3・4から一つ選びなさい。

1 映画を見て、（　　　）あまり、涙が出た。

　1　感動し　　　　　2　感動して　　　　3　感動した　　　　4　感動だ

2 疲労（ひろう）（　　　）あまり、倒れそうになった。

　1　の　　　　　　　2　を　　　　　　　3　も　　　　　　　4　と

3 夢を（　　　）以上、一度失敗してもあきらめない。

　1　追いかけて　　　　　　　　　2　追いかけよう
　3　追いかけ　　　　　　　　　　4　追いかける

4 レギュラー・メンバーに選ばれた以上（　　　）、きちんと結果を残したい。

　1　で　　　　　2　は　　　　　3　が　　　　　4　へ

5 人気ゲーム機が手に入ったのも、父の（　　　）おかげだ。

　1　顔が広　　　　2　顔が広く　　　3　顔が広い　　　4　顔の広さ

6 入院中、友達のはげましのおかげ（　　　）、手術や治療に耐えることができた。

　1　も　　　　　2　に　　　　　3　と　　　　　4　で

7 海で（　　　　　）からには、大きい魚を釣りたい。

1　釣りをする

2　釣りをし

3　釣りをしよう

4　釣りをして

8 みんなの代表でスピーチをするから（　　　　　）、失敗できない。

1　にも　　　　　　2　にが　　　　　　3　にで　　　　　　4　には

9 毎回、この街に来ると迷ってしまうのは、似たビルが（　　　　　）せいだ。

1　多く　　　　　　2　多い　　　　　　3　多さ　　　　　　4　多いの

10 かごの扉を閉め忘れたせい（　　　　　）、飼っていた鳥が逃げてしまった。

1　へ　　　　　　　2　に　　　　　　　3　で　　　　　　　4　を

11 地震（　　　　　）ため、ただ今、当機は上空を旋回しております。

1　だ　　　　　　　2　である　　　　　3　な　　　　　　　4　の

12 電車が遅延したため（　　　　　）、アルバイトに遅れてしまった。

1　で　　　　　　　2　へ　　　　　　　3　に　　　　　　　4　と

次の文の（　　　）に入れるのに最もよいものを、1・2・3・4から一つ選びなさい。

1 難病だったあの子が元気に笑って暮らせているのも、すべて先生の（　　　）。

　　1　おかげです　　　2　せいです　　　3　最中です　　　4　一方です

2 私が当選しました（　　　）、必ず市民のみなさんのお役に立ちます。

　　1　あげく　　　2　ために　　　3　からには　　　4　おかげで

3 今日は気温が高い（　　　）、熱中症で倒れる人が多いようだ。

　　1　ため　　　2　以上は　　　3　からには　　　4　おかげで

4 店員「今月は、前月と比べて、お客様が20%減っています。」
　　店長「お客様が来ない（　　　）、何か対策をしないと。」

　　1　おかげで　　　2　せいで　　　3　からには　　　4　以上

5 忙しくてジムをやめた（　　　）、太ってしまった。

　　1　あまり　　　2　まま　　　3　以上　　　4　せいで

6 彼のことが嫌いな（　　　）、姿が見えると逃げるようになった。

　　1　以上　　　2　あまりに　　　3　からには　　　4　おかげで

Ⅲ 組み立て問題

次の文の___★___に入る最もよいものを、1・2・3・4から一つ選びなさい。

1 マンガ家で _____ _____ ___★___ _____ 作品を作りたい。

   1 以上   2 アニメ化   3 される   4 デビューした

2 寝る前に _____ _____ ___★___ _____ 夢を見た。

   1 見た   2 アクション映画を

   3 敵と戦う   4 せいか

3 私たちの _____ _____ ___★___ _____ おかげだ。

   1 こんなに長く   2 サラさんの   3 続いたのも   4 付き合いが

4 事業を _____ _____ ___★___ _____ ならない。

   1 学ばなければ   2 経営学を   3 からには   4 起こす

5 とけた雪が _____ _____ ___★___ _____ やすくなっている。

   1 凍結した   2 路面が   3 すべり   4 ため

6 大きな _____ _____ ___★___ _____ 猫はテーブルの下に隠れてしまった。

   1 音に   2 サイレンの   3 あまり   4 びっくりした

Ⅳ 文章問題

次の文章を読んで、文章全体の内容を考えて、[1]から[6]の中に入る最もよいものを、1・2・3・4から一つ選びなさい。

東京都の新大久保(注1)は「コリアタウン」(注2)と呼ばれている。看板の文字はハングル(注3)で書かれ、街に流れている歌もK-POP(注4)、歩いている人たちの言葉も韓国語だから、一瞬韓国にいるような気持ちになる。

また、日曜日に訪ねたということもあり、[1]、道がわからなくなってしまったほどだ。さらに、友達と待ち合わせをしていたお店が、細い路地の[2]、なかなか見つからなかった。

そのお店では、韓国人の友達が店員と[3]、食事を楽しむことができた。また、無料でキムチ(注5)などが食べられ、おかわりもできるし、はしや皿は金属であるなど、日本のレストランと違いがあることも楽しめた。日本では茶わんを持ってご飯を食べるのがマナーだが、韓国では、茶わんはテーブルに置いて食べるのがマナーだそうだ。私はせっかく韓国料理店で韓国料理を食べるからには、[4]と考え試してみた。いろいろ食べていたら、韓国へ行って他の料理も食べてみたくなった。今は、[5]、韓国には行けないが、行くと[6]、お金を貯めて、必ず実現したいと思っている。

（注1）新大久保：東京都新宿区にある街。
（注2）コリアタウン：外国で韓国人が多く住んでいる地区。
（注3）ハングル文字：韓国語を表記するための表音文字。
（注4）K-POP：韓国のポップス。
（注5）キムチ：韓国の漬物。

1

1 人が多いからには 2 人が多い以上は
3 人の多さのあまりに 4 人の多いついでに

2

1 奥にあっても 2 奥にあったために
3 奥にあった以上 4 奥にあるからには

3

1 やりとりしてあげたせいで 2 やりとりしてくれたおかげで
3 やりとりしてもらったために 4 やりとりしてあった以上

4

1 韓国のマナーで食べてほしい 2 韓国のマナーで食べることだ
3 韓国のマナーで食べよう 4 韓国のマナーで食べるはずだ

5

1 お金があるほど 2 お金がないせいで
3 お金がないくせに 4 お金があるあまり

6

1 決めた以上 2 決めるために
3 決めたおかげで 4 決めるあまりに

第 4 日

19 ～（た）ら…（た）で

接続　動詞・た形｜い形容詞＋かった｜な形容詞＋な｜名詞＋な

　　　― 動詞・た形／い形容詞＋かった｜な形容詞／名詞

意味　～ても…ても同じだ、問題はあってもたいしたことではない

　　　＊「～たら…たで」は同じ語彙を繰り返して使う。

例　　あの人は忙しかったら忙しかったで文句を言い、ひまならひまで文句を言う。

20 ～としたら／～とすると／～とすれば

接続　動詞・辞書形、動詞・ない形、動詞・た形｜い形容詞｜な形容詞＋だ｜名詞＋だ

意味　～だと考えた場合

例　　コンビニを出店するとしたら、この場所しかない。

21 ～としても

接続　動詞・辞書形、動詞・ない形、動詞・た形｜い形容詞｜な形容詞＋だ｜名詞＋だ

意味　もしも～という場合でも

例　　たとえ今は無理だとしても、いつかはできるようになるかもしれない。

応用　「名詞＋としても」という形で「～という立場でも」の意味もある。

例　　私としても、後輩の意見を尊重したい。

22 ～というと／～といえば／～といったら

接続　**名詞**

意味　～については…を連想させる

例　日本というと（といえば）、富士山だ。
　　日本といったら、富士山でしょう。

応用　「 **名詞** ＋ **といったら** 」という形で「～はとても…」の意味もある。後ろには「驚く」
　　「感動する」などの表現が来る。

例　満開の桜の美しさといったら、言葉では表せません。

23 ～といった

接続　**名詞**

意味　～のような

例　ジョージさんは、すしやラーメンといった日本の料理に興味がある。

24 ～とは

接続　**名詞**

意味　～は…という意味だ

例　「エコ」とは「エコロジー」が短くなった言葉で「環境にやさしい」という意味だ。
　　＊話し言葉では、「～って／～というのは」となる。

応用　「普通形 ＋ **とは** 」の形で「～なんて」の意味もある。

例　成人式に雪が降るとは、まったくついていない。

～としたら

「～としたら」の後ろの表現は判断や推量、疑問の表現も使えます。
「～とすると」「～とすれば」の後ろの表現は判断や推量、疑問の表現は
使えません。

　○ 3億円当たったとしたら、世界旅行に行きたい。
　× 3億円当たったと すると／すれば、世界旅行に行きたい。

Point!

Ⅰ 基礎問題

次の文の（　　　）に入れるのに最もよいものを、1・2・3・4から一つ選びなさい。

1 どんなに環境がよくても、家が駅から（　　　）ら（　　　）で、大変なときがある。

  1　遠い／遠い   2　遠かった／遠かった
  3　遠く／遠く   4　遠かろう／遠かろう

2 学生は、テストの問題が簡単だったら簡単だった（　　　）、おもしろくないと言う。

  1　を   2　も   3　で   4　と

3 来年、このチームのキャプテンを（　　　）としたら、松本さんだ。

  1　する   2　した   3　して   4　しよう

4 木村さんが参加できない（　　　）すると、高橋さんに頼むしかない。

  1　に   2　と   3　は   4　が

5 けがをしてしまったが、夏の大会に（　　　）としても、冬の大会には出られるだろう。

  1　出場できない   2　出場できる   3　出場しよう   4　出場する

6 どれほど困難があったとして（　　　）、ジョンさんならきっと乗り越えられるだろう。

  1　も   2　と   3　で   4　に

7 日本の（　　　　）といえば、歌舞伎や能がある。

1　伝統芸能の　　　　　　　　　　2　伝統芸能だ
3　伝統芸能である　　　　　　　　4　伝統芸能

8 日本で「世界三大珍味」（　　　　）いうと、トリュフ、フォアグラ、キャビアだ。

1　に　　　　　2　が　　　　　3　と　　　　　4　を

9 野球や（　　　　）といったスポーツが、子どもに人気がある。

1　サッカーだ　　　2　サッカー　　　3　サッカーの　　　4　サッカーである

10 春にはチューリップや桜（　　　　）いった花が楽しめます。

1　も　　　　　2　と　　　　　3　の　　　　　4　で

11 （　　　　）とは、新聞、テレビ、ラジオなどのことだ。

1　マスメディア　　　　　　　　　2　マスメディアだ
3　マスメディアの　　　　　　　　4　マスメディアで

12 オリエンテーション（　　　　）、新入生や新入社員を指導するための説明会のことだよ。

1　っち　　　　　2　っき　　　　　3　って　　　　　4　っと

II 応用問題

次の文の（　　　　）に入れるのに最もよいものを、1・2・3・4から一つ選びなさい。

1 私が皆さんを案内したいのは、浅草や鎌倉（　　　　）人気スポットです。

　　1　というと　　　　2　といった　　　　3　としたら　　　　4　とは

2 息子は、できなかったら落ち込むが、（　　　　）、調子に乗る。

　　1　できたりできなかったり　　　　　　2　できるやらできないやら
　　3　できたらできたで　　　　　　　　　4　できたしできないし

3 ディベート（　　　　）、あるテーマについて、肯定側と否定側で議論することだ。

　　1　とすると　　　　2　とは　　　　　　3　といったら　　　　4　としても

4 たとえ、あの人にお金が（　　　　）、結婚したい。

　　1　なかったとしても　　　　　　　　　2　なかったとすると
　　3　なかったといったら　　　　　　　　4　なかったらなかったで

5 田村「今度、柔道の世界大会があるね。どの国の選手が強いんだろう？」
　　井上「柔道の強豪国（　　　　）、ブラジル、ベルギー、フランス……。」

　　1　といった　　　　2　としたら　　　　3　としても　　　　4　といったら

6 この図形の問題は、ここに一本線を引く（　　　　）、解くヒントになる。

　　1　といえば　　　　2　とは　　　　　　3　といった　　　　4　とすると

Ⅲ 組み立て問題

次の文の ___★___ に入る最もよいものを、1・2・3・4から一つ選びなさい。

1 山田さんが _____ _____ ___★___ _____ うそをついている可能性がある。

1 とすると　　　2 本当のことを　　3 小田さんが　　4 言っている

2 大切な人に贈るもの _____ _____ ___★___ _____ アクセサリーがいいです。

1 ネックレスや　　2 いった　　　3 指輪と　　　4 でしたら

3 体育祭のリレーで _____ _____ ___★___ _____ トップを抜くことはできないだろう。

1 辺りから　　　　　　　　　2 全力で走った
3 としても　　　　　　　　　4 最後のコーナーの

4 将来のために貯金したいが、宝くじに _____ _____ ___★___ _____ しまうだろう。

1 当たったで　　　2 すぐに全部　　3 当たったら　　4 使って

5 日本のお正月 _____ _____ ___★___ _____ いちばんの楽しみだ。

1 といったら　　　2 お年玉が　　　3 親や親戚から　　4 もらえる

6 インターンシップとは、学生が _____ _____ ___★___ _____ することだ。

1 興味のある　　　2 働き　　　　3 企業で　　　4 職業体験を

37

Ⅳ 文章問題

次の文章を読んで、文章全体の内容を考えて、　1　から　6　の中に入る最もよい
ものを、1・2・3・4から一つ選びなさい。

　　ある日、区役所で開催されたモンゴル文化を紹介するイベントに参加した。私の
モンゴルの　1　、大草原の中を馬で走る遊牧民(注1)だけだった。よく文化も知
らずに、イベントに行ってもいいのだろうかと不安もあったが、　2　とても楽
しかった。

　　まず民族衣装である「デール」を着た。現在では日本の着物と同じように、入学
式や　3　大事な行事のときに着るそうだ。次に「ゲル」の中に入った。ゲルと
は、丸い形をしていて、窓はなく、ドアは南側にある　4　。中に入ると暖かくて、
広いことに驚いた。イベントの最後に、一人の女性が「ホーミー」(注2)で歌った。
声が美しくよく響き、一体どうやって声を出しているのかが不思議だった。私が
一生懸命おなかの底から　5　、同じように歌えないだろう。

　　イベントで配られたパンフレットを見ると、日本からモンゴルまで、思っていた
より近いことがわかった。イベントの参加者も多く、好評のようで、スタッフが「次
に　6　、いつがいいだろうか。」と話し合っているのが聞こえた。

（注1）　遊牧民：牧畜を本業とする民族。
（注2）　ホーミー：モンゴルの伝統的な歌唱法。

1

1 イメージといえば
2 イメージとしても
3 イメージといったイメージは
4 イメージほどイメージはなく

2

1 行ったとしたら
2 行ったら行ったで
3 行ったとしても
4 行ったといったら

3

1 卒業式とは
2 卒業式というと
3 卒業式といった
4 卒業式だとすれば

4

1 遊牧民の家であるはずだ
2 遊牧民の家であるべきだ
3 遊牧民の家であるものだ
4 遊牧民の家のことだ

5

1 声を出すとしても
2 声を出すとは
3 声を出すとすると
4 声を出すように

6

1 開催するといえば
2 開催するたびに
3 開催するとしたら
4 開催するとは

第5日

25 ～からいうと／～からいったら／～からいって

接続　**名詞**

意味　～の立場から考えて

例　買い物客の立場からいうと、もう少し品数を増やしてほしい。

26 ～からして

接続　**名詞**

意味　❶ ～もこうなのだから　（代表的な例）
　　　❷ ～から考えて（根拠）

例　❶ あの映画は、タイトルからしてコメディだと思う。
　　❷ 学生の返事からして、本当に理解しているとは思えない。

応用　「**名詞** ＋からすると／からすれば」という形で「～という立場から考えて」という
　　　表現もある。

例　新入生の雰囲気からすると、まだクラスになじめていないようだ。

応用　「**名詞** ＋からしたら」という形で「～から考えて」の意味もある。

例　ゴラムさんの性格からしたら、最後まで自分の意見を曲げないだろう。

27 ～からみると／～からみたら／～からみれば

接続　**名詞**

意味　～の立場から考えて

例　外国人からみると、日本のオフィスでファックスを使うことは奇妙らしい。

28 〜くらいだから

接続　普通形

意味　〜状態のレベルだから（判断や推量の根拠を述べる）

例　仕事を途中で切り上げて、あわてて出て行くくらいだから、何かあったのでしょう。

29 〜にしたら／〜にすれば／〜にしてみたら／〜にしてみれば

接続　名詞

意味　〜の立場に立って考えたら、

例　雨が降らないことは、農家にしたら、深刻な問題だろう。

30 〜をもとにして

接続　名詞

意味　〜基本にして、〜を基準にして

例　先輩のアイディアをもとにして、プランを立てた。

- -

応用　「〜をもとにした＋名詞」という形もある。

例　この芝居は、事実をもとにしたノンフィクションです。

〜からいうと
「〜からいうと」は人を表す名詞と直接接続できません。

〜くらいだから
「〜くらいだから」の後ろには推量の表現を使います。
- ○ みんなの前で、「絶対に合格する」と言ったくらいだから、友達はよほど自信があるのだろう。
- × みんなの前で、「絶対に合格する」と言ったくらいだから、友達はよほど自信を持っているそうだ。

Point!

次の文の（　　　　）に入れるのに最もよいものを、1・2・3・4から一つ選びなさい。

1 あの小さな鳥は、鳴き声から（　　　　　　）と、ウグイスのようだ。

　1　いう　　　　　　2　いった　　　　　3　いって　　　　　4　いえ

2 このデータ（　　　　　）いったら、今後も日本の人口は減るだろう。

　1　まで　　　　　　2　から　　　　　　3　と　　　　　　　4　に

3 未経験者から（　　　　　）ば、いきなりプログラミングを設計するのは難しいだろう。

　1　して　　　　　　2　する　　　　　　3　すれ　　　　　　4　した

4 森さんの声のトーンから（　　　　　）、あまり元気ではないようだ。

　1　で　　　　　　　2　と　　　　　　　3　して　　　　　　4　する

5 選手の表情から（　　　　　）ら、今日の試合は勝てそうな気がする。

　1　みれ　　　　　　2　みる　　　　　　3　みて　　　　　　4　みた

6 街を歩く人の（　　　　　）からみると、関東と関西で好まれるものが違うようだ。

　1　服装だ　　　　　2　服装の　　　　　3　服装　　　　　　4　服装である

7 この曲は、素人がピアノで（　　　　　　）くらいだから、玄人なら目をつぶっても弾けるだろう。

　　1　弾こう　　　　　　2　弾く　　　　　　3　弾けない　　　　4　弾いて

8 この問題は、小学生でも解けた（　　　　　　）だから、大学生ならすぐ解けるはずだ。

　　1　より　　　　　　　2　くらい　　　　　3　ほど　　　　　　4　まで

9 子どもが泣きやまないのは、親に（　　　　　　）ば、どうしようもないことだろう。

　　1　する　　　　　　　2　した　　　　　　3　して　　　　　　4　すれ

10 酔っ払った人の対応をするのは、警察官（　　　　　　）してみれば、迷惑にちがいない。

　　1　に　　　　　　　　2　で　　　　　　　3　へ　　　　　　　4　を

11 最近はマンガを（　　　　　　）ドラマや映画が人気である。

　　1　もとにして　　　2　もとにする　　　3　もとにした　　　4　もとにしろ

12 生徒の意見（　　　　　　）もとにして、修学旅行の計画を立てる。

　　1　で　　　　　　　　2　を　　　　　　　3　も　　　　　　　4　が

次の文の（　　　　）に入れるのに最もよいものを、1・2・3・4から一つ選びなさい。

---

1 いつの時代もそうだが、年配者（　　　　）、若者の服装は派手だと思われるだろう。

  1　くらいだから　　2　からして　　3　からみたら　　4　をもとにして

---

2 すぐに理解できる人（　　　　）、いつまでも理解できない人の気持ちは分からないだろう。

  1　からして　　　2　くらいだから　　3　をもとにして　　4　にしたら

---

3 メッセージの返信の内容（　　　　）、中村さんは来月の飲み会には来ないだろう。

  1　によって　　　2　からいって　　3　くらいだから　　4　をもとにして

---

4 ロゴのデザインは、みんなのイメージ（　　　　）、作成した。

  1　からみれば　　2　にしてみたら　　3　をもとにして　　4　からして

---

5 仕事から帰ってきた夫は、いびきをかいて寝ている（　　　　）、よほど疲れているのだろう。

  1　くらいだから　　2　からいって　　3　からみると　　4　にすれば

---

6 小川「あのたこ焼き屋、長い行列ができているね。」
   石井「あの人数（　　　　）、1時間は並ぶだろうね。」

  1　をもとにして　　2　にしてみれば　　3　くらいだから　　4　からすると

Ⅲ 組み立て問題

次の文の___★___に入る最もよいものを、1・2・3・4から一つ選びなさい。

1 この試食品を ____ ____ ___★___ ____ よくないだろう。

  1　反応から　　　　　2　売れ行きは　　　3　食べた人の　　　4　みて

2 アンケートの ____ ____ ___★___ ____ いこう。

  1　もとにして　　　2　このアプリを　　3　改善して　　　　4　結果を

3 今回の ____ ____ ___★___ ____ 安静にしたほうがいい。

  1　数値から　　　　2　いって　　　　　3　検査の　　　　　4　しばらく

4 我慢強い ____ ____ ___★___ ____ 痛かったのだろう。

  1　泣く　　　　　　2　よほど　　　　　3　あの子が　　　　4　くらいだから

5 料理人に ____ ____ ___★___ ____ 姿を見ることが一番でしょう。

  1　客が　　　　　　2　食べている　　　3　おいしそうに　　4　してみたら

6 私が帰宅したときの ____ ____ ___★___ ____ のだろう。

  1　甘え方　　　　　2　からすると　　　3　さびしかった　　4　犬はよほど

Ⅳ 文章問題

　次の文章を読んで、文章全体の内容を考えて、　1　から　6　の中に入る最もよい
ものを、1・2・3・4から一つ選びなさい。

　　　私の勤務する日本語学校は、日本の文化を体験してもらいたいと、毎月イベント
　　を計画している。学生も「日本の文化が好きだから、日本に来ました」と答えるく
　　らいだから、　1　。

　　　春のイベントは花見だ。　2　、桜が満開になる時期を予想するのは大変な
　　仕事だろう。今年の予想は、3月下旬ということなので、予定を立てて公園で花見を
　　することにした。公園で花見をしている人の着ている服からして、　3　。桜を
　　初めて見る学生もいて、たくさん写真を撮っていた。屋外でみんなでご飯を食べる
　　文化がない国から来た　4　、日本の花見の文化は変わっているそうだ。花見で
　　は、学生たちが順番に、自分たちの国の文化を紹介した。ミャンマーの学生から、
　　ミャンマーの人の名前には日本にはない特徴があることを教えてもらった。名字が
　　なく名前だけで、その名前から何曜日に生まれたかがわかるのだそうだ。生まれた
　　　5　、名前の頭文字を決めるらしい。学生たちの話は盛り上がり楽しい時間は
　　あっという間に過ぎていった。

　　　終わりの時間が近づくと、学生たちからは、「もっとみんなと話したい」、「楽し
　　かった」、「他のイベントも行きたい」など、うれしい感想を聞くことができた。
　　学生同士の　6　、次の花火大会も盛り上がるに違いない、とうきうきした。

1

1　今回のイベントは参加しないらしい

2　今回のイベントに期待はしていないはずだ

3　今回のイベントに参加してくれるだろう

4　今回のイベントで日本に興味を持つにちがいない

2

1　気象予報士にしてみれば　　　　2　気象予報士をもとにして

3　気象予報士からして　　　　　　4　気象予報士くらいだから

3

1　春になったそうだ　　　　　　　2　春になったと感じた

3　春になったせいだ　　　　　　　4　春が近づく一方だ

4

1　留学生からみると　　　　　　　2　留学生からして

3　留学生をもとにして　　　　　　4　留学生はもちろん

5

1　曜日にしたら　　　　　　　　　2　曜日からみると

3　曜日からいって　　　　　　　　4　曜日をもとにして

6

1　仲がいいくらいだから　　　　　2　仲のよさからいって

3　仲のよさをもとにして　　　　　4　仲がいいかわりに

作 文 ①

第1日～第5日

_____に言葉を入れて、文を完成させなさい。

第1日

1. 私は、_____すえに、_____。

2. 私は、今_____に関する_____に興味があります。

3. （大学で）
   友　達：今日のガイダンスのテーマは何だっけ？

   あなた：確か_____について、話すと思うよ。

第2日

1. よくないと思いながら、_____ままにしている。

2. 最近とても_____で、_____一方だ。

3. 先　生：最近、_____しましたか。

   あなた：私は_____て以来、_____。

第3日

1 ＿＿＿＿＿＿＿＿＿＿＿＿＿さんのおかげで、私は＿＿＿＿＿＿＿＿＿＿＿＿＿＿。

2 私が＿＿＿＿＿＿＿＿＿＿＿＿からには、＿＿＿＿＿＿＿＿＿＿＿＿したいです。

3 あなた：どうしてこうなってしまったのでしょうか。

　医　者：原因は、＿＿＿＿＿＿＿＿＿＿＿＿＿＿＿＿＿＿＿＿＿＿＿のせいです。

第4日

1 ＿＿＿＿＿＿＿＿＿＿＿＿＿とは、＿＿＿＿＿＿＿＿＿＿＿＿＿＿です。

2 私は、＿＿＿＿＿や＿＿＿＿＿といった＿＿＿＿＿＿＿＿＿に関心があります。

3 （授業で）
　先　生：あなたの出身国を旅行したいんですが、どこかおすすめはありますか。

　あなた：そうですね。＿＿＿＿＿＿＿＿＿＿といえば、＿＿＿＿＿＿＿＿ですね。

第5日

1 私は、＿＿＿＿＿＿＿＿＿＿＿からみたら、＿＿＿＿＿＿＿＿＿＿と思います。

2 ＿＿＿＿＿＿＿＿＿＿＿＿くらいだから、＿＿＿＿＿＿＿＿＿＿＿と思うよ。

3 　親　：この小説、おもしろいね。

　あなた：これは、＿＿＿＿＿＿＿＿をもとにして、＿＿＿＿＿＿＿そうだよ。

まとめ問題 ①
第1日～第5日

| 次の文の（　　）に入れるのに最もよいものを、1・2・3・4から一つ選びなさい。

1 料理人を（　　　　　）、いつか自分の店を開きたい。

1　目指したすえに　　　　　　　2　目指すからには
3　目指すために　　　　　　　　4　目指したおかげで

2 酔って、駅で（　　　　　）、駅員に事務室に連れて行かれた。

1　大騒ぎをしたきり　　　　　　2　大騒ぎをするとしたら
3　大騒ぎをしたあげく　　　　　4　大騒ぎをするくせに

3 今すぐに結果が（　　　　　）、いつか努力が実る日が来る。

1　出ないとしても　　　　　　　2　出たくらいだから
3　出るせいで　　　　　　　　　4　出て以来

4 話の（　　　　　）、あの人の考えは理解できない。

1　内容に対して　　　　　　　　2　内容をもとにして
3　内容といったら　　　　　　　4　内容からいって

5 税金や年金の問題で、国民の生活が（　　　　　）。

1　大変になったままにする　　　2　大変になる一方だ
3　大変になったためだ　　　　　4　大変になる最中だ

6 この（　　　　　）、かなり大きな地震らしい。

1　揺れからすると　　　　　　　2　揺れといったら
3　揺れについて　　　　　　　　4　揺れをもとにして

7 ホームルームでは、（　　　　　）、みんなで意見を交わしている。

1　旅行先からいって　　　　　　　2　旅行先とは

3　旅行先をめぐって　　　　　　　4　旅行先といえば

8 （教室で）

ウィンボー「どうしたの？」

アンパーロ「昨日カラオケで（　　　　　）、のどが痛くて……。」

1　歌いすぎたくらいだから　　　　2　歌いすぎたせいか

3　歌いすぎたすえに　　　　　　　4　歌いすぎた以上

9 このドラマの主役をあの人気アイドルに（　　　　　）、相手役は誰にしたらいいだろうか。

1　したあげく　　　2　したために　　　3　したまま　　　4　したとすると

10 （電話で）

田川「さっき、家に行ったんだけど、会えなかったから、電話したよ。」

大木「ごめん、インターホンがなったとき、お風呂に（　　　　　）よ。」

1　入っているきりなんだ　　　　　2　入ったままなんだ

3　入っている一方なんだ　　　　　4　入っている最中だったんだ

11 パーソナリティーが「この（　　　　　）ご意見をお待ちしております。」と言ったので、感想をメールで送った。

1　番組といった　　　　　　　　　2　番組をめぐり

3　番組に対する　　　　　　　　　4　番組をもとにした

12 子どもは薬を見ると（　　　　　）、よほど飲みたくないのだろう。

1　逃げるくらいだから　　　　　　2　逃げたとしても

3　逃げるあまり　　　　　　　　　4　逃げるおかげで

13 石川さんは大学を（　　　　　　）、メールの返信さえない。

1　休学するとすれば　　　　　　　　2　休学したきり
3　休学したまま　　　　　　　　　　4　休学するとは

14 日本には、法隆寺や（　　　　　）世界文化遺産がある。

1　厳島神社に関する　　　　　　　　2　厳島神社からみれば
3　厳島神社といった　　　　　　　　4　厳島神社をめぐって

15 最近は子どものことを（　　　　　）、なんでも代わりにやってしまう親がいるらしい。

1　かわいがる最中に　　　　　　　　2　かわいがったあげく
3　かわいがったとしても　　　　　　4　かわいがるあまり

16 犯人らしき人物を見たという人の（　　　　　　）、似顔絵を作成した。

1　証言について　　　　　　　　　　2　証言をもとにして
3　証言からいって　　　　　　　　　4　証言としても

17 いとこは試験に4回（　　　　　）、晴れて弁護士になれた。

1　落ちたすえに　　　　　　　　　　2　落ちたきり
3　落ちたせいで　　　　　　　　　　4　落ちたあまり

18 私の気持ちが相手に（　　　　　）、パーティーが終了した。

1　伝わらないおかげで　　　　　　　2　伝わって以来
3　伝わらないまま　　　　　　　　　4　伝わるくらいだから

19 孫さんから（　　　　　）欠席しますという連絡がありました。

1　体調不良からして　　　　　　　　2　体調不良に対して
3　体調不良の一方で　　　　　　　　4　体調不良のため

20 駅のアナウンスでよく聞く（　　　　　　　）、電車などの運行表のことである。

1 「ダイヤ」をめぐって　　　　　　2 「ダイヤ」とは

3 「ダイヤ」からみれば　　　　　　4 「ダイヤ」に関して

Ⅱ 次の文の＿★＿に入る最もよいものを、1・2・3・4から一つ選びなさい。

1 清水さんからのメッセージによれば、後藤さんは ＿＿＿ ＿＿＿ ＿★＿ ＿＿＿
ということだ。

1 あげくに　　　　　　　　　　　2 様子もない

3 約束を忘れた　　　　　　　　　4 反省した

2 来月までにインターン先について調べ、＿＿＿ ＿＿＿ ＿★＿ ＿＿＿ を提出
しなければならない。

1 これからの　　　　　　　　　　2 関しての

3 集客やサービスに　　　　　　　4 レポート

3 彼が探してくれたおかげで、安くておいしいお店で食事をすることができた。会計は、
私が ＿＿＿ ＿＿＿ ＿★＿ ＿＿＿ ならない。

1 払わなければ　　　　　　　　　2 おごると

3 以上　　　　　　　　　　　　　4 言った

第 6 日

31 ～次第

接続　動詞・ます形｜名詞

意味　～たらすぐに

例　空港に着き**次第**、連絡します。
　　天候が回復し**次第**／回復**次第**、山頂を目指そう。

　　＊「する」の接続は、「ます形（～し次第）」の形と「名詞（～しを省く）」の形があります。

- -

応用　「名詞＋**次第**だ」という形で、「～で決まる」の意味もある。

例　このプロジェクトがうまくいくかどうかは、あなたの努力**次第**だ。

32 ～（か）と思うと／～（か）と思ったら／～（か）と思えば

接続　動詞・辞書形、動詞・た形

意味　～たらすぐに

例　稲光が見え、雷が鳴った**かと思うと**、近くに落ちた。

33 ～とたん（に）

接続　動詞・た形

意味　～たらすぐに

例　家を出た**とたん**、雨が降ってきた。

34 ～うえで

接続　**動詞**・た形｜ **名詞** ＋の

意味　～てから

例　面接をしたうえで、採用するかどうかを判断します。

- -

応用　「辞書形＋うえで」という形で、「～をする場合に」の意味もある。

例　論文を書くうえで、注意することを伝えます。

35 ～てからでないと

接続　**動詞**・て形

意味　～をした後でないと

例　来週シフトを代われるかどうかは、店長に確認してからでないとわからない。

36 ～て（みて）はじめて

接続　**動詞**・て形

意味　～が起こってやっと

例　留学してはじめて、海外生活の大変さを知った。

～次第

「～次第」の前に接続できる「**動詞**・ます形」は、無意志動詞（気持ちのない動詞）か可能形です。後ろの表現は、意志表現（気持ちのある表現）です。

～と思うと

主語は第三者です。自分のことには使えません。

～とたん

後ろに来る表現は、「意外・予想外なこと」なので、意志の表現は使えません。

Point!

Ⅰ 基礎問題

次の文の（　　　　）に入れるのに最もよいものを、1・2・3・4から一つ選びなさい。

1 霧が（　　　　）次第、先に進もう。

1　晴れる　　　　2　晴れ　　　　3　晴れた　　　　4　晴れて

2 どのクラスに入れるかは、このテストの（　　　　）次第です。

1　点数の　　　　2　点数である　　　3　点数だ　　　　4　点数

3 バスケットボールの試合で、やっと同点に（　　　　）かと思うと、すぐに点を取られてしまった。

1　追いつけ　　　　2　追いつき　　　　3　追いついた　　　　4　追いつこう

4 やっとトラブルを解決したか（　　　　）思ったら、新たな問題が起こった。

1　と　　　　　　2　を　　　　　　3　に　　　　　　4　で

5 しばらく読んでいない本なので、（　　　　）とたん、ほこりが舞った。

1　触ろう　　　　2　触った　　　　3　触る　　　　4　触って

6 バーベキューで、網の上に肉を置いたとたん（　　　　）。

1　炎が上がった　　　　　　　　　2　炎を上げよう
3　炎を上げたい　　　　　　　　　4　炎を上げろ

7 適性検査を（　　　　　　）うえで、新入社員の所属する部署を決める。

1　しよう　　　　　　2　して　　　　　　3　した　　　　　　4　する

8 日本酒を製造するうえ（　　　　　　）、お米がとても大切である。

1　で　　　　　　2　に　　　　　　3　を　　　　　　4　と

9 何事も（　　　　　　）からでないと、わからないことがある。

1　やってみた　　　2　やってみ　　　3　やってみて　　　4　やってみる

10 ひととおり自分で試してからでない（　　　　　　）、他の人に説明できない。

1　で　　　　　　2　と　　　　　　3　が　　　　　　4　に

11 友達に（　　　　　　）はじめて、自分の口癖に気がついた。

1　指摘した　　　　2　指摘する　　　3　指摘し　　　　4　指摘されて

12 今まで気がつかなかったが、（　　　　　　）はじめて、自分は練習が好きだと知った。

1　けがをした　　　　　　　　　2　けがをしない
3　けがをして　　　　　　　　　4　けがをする

Ⅱ 応用問題

次の文の（　　　）に入れるのに最もよいものを、1・2・3・4から一つ選びなさい。

1 この荷物を片づけて（　　　）、次の作業に進めない。

　　1　はじめて　　　　2　からでないと　　　3　次第　　　　　4　と思えば

2 あの店のタイ料理を食べて（　　　）、パクチーがおいしいと思った。

　　1　からでないと　　2　とたん　　　　　3　はじめて　　　4　うえで

3 やっと涼しくなってきた（　　　）、あっという間に冬になった。

　　1　とたん　　　　　2　次第　　　　　　3　うえで　　　　4　かと思ったら

4 目が悪いので、めがねをはずした（　　　）、何も見えなくなってしまう。

　　1　かと思ったら　　2　うえで　　　　　3　とたん　　　　4　てからでないと

5 社員「内容をよく理解した（　　　）、契約書にサインしてください。身分証明書を
　　　　コピーしますので、お借りできますか。」
　　客　「あ、今日は身分証明書を忘れてしまいました。」

　　1　うえで　　　　　2　くらいだから　　3　てはじめて　　4　とたん

6 体調がよくなり（　　　）、練習を再開したい。

　　1　てからでないと　2　うえで　　　　　3　と思ったら　　4　次第

Ⅲ 組み立て問題

次の文の ___★___ に入る最もよいものを、1・2・3・4から一つ選びなさい。

1 この薬は ＿＿＿＿ ＿＿＿＿ ___★___ ＿＿＿＿ してください。

 1 よく読んだ　　　2 服薬（ふくやく）　　　3 説明書を　　　4 うえで

2 次の ＿＿＿＿ ＿＿＿＿ ___★___ ＿＿＿＿ 放送します。

 1 臨時（りんじ）ニュースが　　　　　　　2 次第

 3 番組は　　　　　　　　　　　　　　　　4 終わり

3 お客様に ＿＿＿＿ ＿＿＿＿ ___★___ ＿＿＿＿ はできない。

 1 アンケートを　　2 からでないと　　3 商品の改善（かいぜん）　　4 実施（じっし）して

4 パスポートを ＿＿＿＿ ＿＿＿＿ ___★___ ＿＿＿＿ と実感した。

 1 手にして　　　　2 はじめて　　　　3 行けるのだ　　　4 外国へ

5 電車でとなりに座った高校生たちは ＿＿＿＿ ＿＿＿＿ ___★___ ＿＿＿＿ 盛り上がっている。

 1 すぐに違う話題で　　　　　　2 話が終わった

 3 かと思えば　　　　　　　　　4 学食（がくしょく）についての

6 傘（かさ）を ＿＿＿＿ ＿＿＿＿ ___★___ ＿＿＿＿ しまった。

 1 ひっくり返って　　　　　　　2 強風（きょうふう）で

 3 広げた　　　　　　　　　　　4 とたん

Ⅳ 文章問題

次の文章を読んで、文章全体の内容を考えて、　1　から　6　の中に入る最もよいものを、1・2・3・4から一つ選びなさい。

最近、世界と日本の違いをテーマにしたテレビ番組をよく見る。そのような番組を見ていて、ふとフランス人の友人のことを思い出した。彼女がはじめて日本に来たとき、まずどこでもトイレを無料で使用できることに驚いたそうだ。フランスでは、多くのトイレはお金を払ってからでないと　1　、うれしかったと言っていた。またドアを　2　、便座(注1)が自動で上がる機能があることにも感動したと言う。日本では、富士山などの山に有料トイレがある。私は富士山に向かうバスの中で、ガイドの説明を　3　、登山をしたので、有料トイレでも驚かなかったが、フランス人にとっては、当然のことなのだろう。

私もフランスの習慣でびっくりしたことがある。それは、その友達と　4　、ビズ(注2)をしてくることだ。今では慣れたので、何とも思わないけれど、最初は日本にはない習慣なので、とても驚いたことと、色々な国の人と　5　、文化の違いを知ることができるなと感じたことを覚えている。おたがい忙しくて、しばらく会えていないので、状況が　6　、ゆっくり話をしたいと思っている。

（注1）便座：洋式トイレの座る部分。
（注2）ビズ：ほほを寄せ合う挨拶。

1

  1 使用できるそうで   2 使用するべきだそうで

  3 使用できないそうで   4 使用したがらないそうで

2

  1 開けっぱなしで   2 開けたとたん

  3 開けたうえで   4 開けてはじめて

3

  1 聞いたうえで   2 聞かせ次第

  3 聞かれてからでないと   4 聞こえたと思ったら

4

  1 顔を合わせても   2 顔を合わせたうえで

  3 顔を合わせてはじめて   4 顔を合わせたかと思えば

5

  1 付き合い次第   2 付き合ってからでないと

  3 付き合ってみてはじめて   4 付き合ってばかりで

6

  1 変わったかと思えば   2 変わり次第

  3 変わったとたん   4 変わってからでないと

第7日

37 〜がる

接続　い形容詞 +「い」を取る｜ な形容詞 +「な」を取る

　　　＊「〜たい」はい形容詞扱いになります。

意味　〜に見える、〜と思う、〜そう

例　　親戚がそろうと、人数が多いので、幼いいとこは恥ずかしがって、親の後ろに隠れている。

38 〜みたいだ／〜みたいな／〜みたいに

接続　普通形　＊ 名詞 にも接続し、「 名詞 +だ」とは接続しない。

意味　〜に見える、（例えば）〜と思う、〜そう、〜よう

　　　＊「〜みたい／〜らしい」は「〜よう」の話し言葉。

例　　隣の家の人たちは、大きなキャリーバッグを持って出て行ったので、どうやら旅行に行くみたいだ。

　　　孫からのサプライズプレゼントに父親は、子どもみたいな喜びようだ。

　　　あの人は、自分のことはさておき、まるでこちらが全面的に悪いみたいに文句を言ってくる。

- -

応用　「 動詞 ・て形 + みたい」という形で、「試しにやる」の意味もある。

例　　内村さんがおいしいとすすめてくるお店なら、一度は行ってみたい。

39 〜らしい

接続　普通形　＊ 名詞 にも接続し、「 名詞 +だ」は接続しない。

意味　❶ 〜に合っている、〜みたい、〜よう

　　　❷ 〜と思う、〜そうだ、〜ようだ

例　　❶ 先生に「いつも笑顔でいるのがあなたらしい」と言われた。

　　　❷ ポストに郵便物もたまっているので、この家の住人は、何日も帰っていないらしい、と大家が話していた。

40 ～がち

接続　動詞・ます形｜名詞

意味　～しやすい

例　ジョンさんは、体が弱く、学校を休みがちだ。

41 ～ぎみ

接続　動詞・ます形｜名詞

意味　～しやすい

例　ここしばらく運動していないので、太りぎみだ。

42 ～そうにない

接続　動詞・ます形、動詞・可能形

意味　～できないと思う

例　事故による渋滞のせいで、荷物を予定の時間に届けられそうにない。

～がる

「～がる」の前に接続できる「形容詞」は、気持ちを表す形容詞です。

○ マリアさんの描いた絵がコンクールに入賞したので、得意がっている。

✕ マリアさんの描いた絵がコンクールに入賞したので、上手がっている。

～がち／～ぎみ

「～がち」と「～ぎみ」は意味は似ていますが、ニュアンスに少しだけ違いがあります。
「～がち」は回数の多さ、「～ぎみ」は性質を表します。

Point!

次の文の（　　　　）に入れるのに最もよいものを、1・2・3・4から一つ選びなさい。

1 台風で遠足が延期になり、生徒たちは（　　　　）がっている。

1 悲しい 　　　2 悲しみ 　　　3 悲しさ 　　　4 悲し

2 約束の時間を過ぎても連絡がなく、一人で友達を待っている曾さんは、（　　　　）がっている。

1 不安 　　　2 不安な 　　　3 不安だ 　　　4 不安の

3 デヴィさんは、まるで（　　　　）みたいに明るい人だ。

1 太陽だ 　　　2 太陽の 　　　3 太陽 　　　4 太陽である

4 インターホンを押しても返事はないし、部屋も暗いので、どうも誰も（　　　　）みたいだ。

1 いる 　　　2 いない 　　　3 いた 　　　4 いよう

5 夫に急な連絡が入ったので、これからいっしょに出かけるのは（　　　　）らしい。

1 無理な 　　　2 無理だ 　　　3 無理 　　　4 無理の

6 神田さんは、チームのピンチのときに、（　　　　）らしくみんなをリードした。

1 キャプテンの 　　　　　　　2 キャプテン
3 キャプテンだ 　　　　　　　4 キャプテンである

7 私たちは、平和の尊さを（　　　　　）がちだ。

1　忘れ　　　　　　2　忘れて　　　　　3　忘れた　　　　　4　忘れる

8 最近の天気は（　　　　　）がちだ。

1　くもりだ　　　　2　くもりの　　　　3　くもりな　　　　4　くもり

9 この商品も一時はヒットしたが、現在の売り上げは（　　　　　）ぎみだ。

1　下がる　　　　　2　下がった　　　　3　下がらない　　　4　下がり

10 練習のとき、選手はタイムを計りながら走っているので、自分で少し（　　　　　）ぎみだとわかっている。

1　遅れた　　　　　2　遅れる　　　　　3　遅れ　　　　　　4　遅れて

11 新作のアイディアが出てこないので、締め切りに（　　　　　）そうにない。

1　間に合う　　　　2　間に合い　　　　3　間に合おう　　　4　間に合って

12 多くの資料の中から、この件に関する書類は（　　　　　）そうにない。

1　見つけられ　　　2　見つけた　　　　3　見つけて　　　　4　見つける

次の文の（　　　　）に入れるのに最もよいものを、1・2・3・4から一つ選びなさい。

1 今のわがチームの力では、あのチームには勝て（　　　　）ので、何か対策をしなければならない。

    1　がちな　　　　　2　ぎみな　　　　　3　がる　　　　　4　そうにない

2 このエアコンは古い（　　　　）、なかなか会議室が涼しくならない。

    1　ぎみで　　　　　2　らしく　　　　　3　がちで　　　　　4　がって

3 思いどおりにいかず、みんなストレスがたまり（　　　　）ので、すぐに口論になってしまう。

    1　がっている　　　2　そうにない　　　3　ぎみな　　　　　4　らしい

4 彼女はまるで猫（　　　　）鋭い目でにらんでくる。

    1　みたいな　　　　2　がちな　　　　　3　ぎみな　　　　　4　らしい

5 一人暮らしだと、外食が多くなり（　　　　）なってしまう。

    1　ぎみで　　　　　2　みたいに　　　　3　そうになく　　　4　がちに

6 飼っているペットは、エサを食べても、もっと欲し（　　　　）。

    1　そうにない　　　2　らしい　　　　　3　がっている　　　4　みたいだ

Ⅲ 組み立て問題

次の文の　★　に入る最もよいものを、1・2・3・4から一つ選びなさい。

1 お店の清掃に関して、お客様から ＿＿＿＿ ＿＿＿＿ ★ ＿＿＿＿ ください。

　1　苦情を　　　　　2　がちなので　　　3　気をつけて　　　4　言われ

2 子どものとき ＿＿＿＿ ＿＿＿＿ ★ ＿＿＿＿ みたかった。

　1　車の　　　　　　2　大人に　　　　　3　運転をして　　　4　なったら

3 後輩がまだ ＿＿＿＿ ＿＿＿＿ ★ ＿＿＿＿ ない。

　1　帰れ　　　　　　2　練習を　　　　　3　そうに　　　　　4　しているので

4 あの患者は ＿＿＿＿ ＿＿＿＿ ★ ＿＿＿＿ とらないといけない。

　1　ぎみ　　　　　　2　鉄分を　　　　　3　なので　　　　　4　貧血

5 ブライアンさんは ＿＿＿＿ ＿＿＿＿ ★ ＿＿＿＿ ようだ。

　1　前にして　　　　2　いる　　　　　　3　ライバルを　　　4　強がって

6 学生の顔を ＿＿＿＿ ＿＿＿＿ ★ ＿＿＿＿ らしい。

　1　わかって　　　　2　見ると　　　　　3　いない　　　　　4　私の話が

Ⅳ 文章問題

次の文章を読んで、文章全体の内容を考えて、[1]から[6]の中に入る最もよいものを、1・2・3・4から一つ選びなさい。

紀元前のエジプトで、人が集まって球を打ち合う、という[1]の様子が壁画に残っている。これがテニスの起源ではないかと言われている。

現在のテニスの原型になった「ローンテニス」は、1873年、イギリスで考案された。日本でも、明治時代(注1)にテニスが持ち込まれると広まっていき、特に1920年代から1930年代には、世界の試合で優勝するなど、多くの日本人選手が活躍した。初めてオリンピックのメダルを取ったのも、1920年のテニスの試合だ。

テニスは選手の精神がとても重要なスポーツだそうだ。[2]とわかると、追いつめられて、[3]プレーができなくなることがある。また、いらいらしてラケットを壊したり、審判にどなったりする選手もいるが、もちろん、そういった[4]選手もいる。試合中、自分の気持ちをコントロールすることができた選手が、試合に勝つのだそうだ。

また、テニスコートと選手の相性がある。テニスコートにはいろいろな種類があり、選手によって得意なコートが異なり、苦手なコートでは試合が[5]になるようだ。

ところで、テニス選手が試合に出るときのテニスウェアは、好きな色を[6]、テニスの四大大会のひとつ、イギリスで行われるウィンブルドン選手権では、白いものだけを身に着ける、と決まっているそうだ。こういった決まりも含めて、テニスはおもしろい。

(注1)明治時代:1868年～1912年。

1

1 スポーツみたいな行為

2 スポーツがちの行為

3 スポーツほどの行為

4 スポーツふうの行為

2

1 試合に勝てない次第だ

2 試合に勝てないままだ

3 試合に勝てないきりだ

4 試合に勝てそうにない

3

1 自分ふうの　　2 自分らしい　　3 自分みたいな　　4 自分ばかりの

4

1 暴力的な行為をするような

2 暴力的な行為をしがちの

3 暴力的な行為をしたがらない

4 暴力的な行為らしい

5

1 荒れぎみ　　2 荒れそうにない　　3 荒れ次第　　4 荒れるみたい

6

1 着ていいと思われたがっているのに

2 着ていいと思われがちだが

3 着ていいと思っているみたいなので

4 着ていいと思われたついでに

第 8 日

43 〜際（さい）（に）

接続　動詞・辞書形、動詞・た形 | 名詞 ＋ の

　　　＊「〜際（さい）（に）」は「〜とき」のかたい表現（ひょうげん）。

意味　〜とき

例　　面会（めんかい）に来（こ）られた際（さい）には、こちらの用紙（ようし）にお名前（なまえ）、面会日時（めんかいにちじ）、面会相手（めんかいあいて）のお名前（なまえ）をご記入（きにゅう）ください。

44 〜たび（に）

接続　動詞・辞書形 | 名詞 ＋ の

意味　〜するときはいつも

例　　父（ちち）は地方（ちほう）へ出張（しゅっちょう）するたびに、家族（かぞく）にその土地（とち）のお土産（みやげ）を買（か）ってくる。

45 〜ぶり（に）

接続　名詞

意味　〜という長（なが）い間（あいだ）（全然（ぜんぜん）〜ていない）

例　　会社（かいしゃ）の同期（どうき）とは、起業（きぎょう）してから忙（いそが）しくて会（あ）えていなかったが、この前（まえ）、

　　　3年（ねん）ぶりに会（あ）うことができた。

応用　「名詞／動詞・ます形 ＋ ぶり（っぷり）」という形（かたち）で「〜している様子（ようす）」の意味（いみ）もある。

例　　伊藤（いとう）さんのあのあわてぶりをみると、何（なに）か大変（たいへん）なことが起（お）こったにちがいない。

46 〜から…にかけて

接続　**名詞ー名詞**

意味　〜から…まで

例　昨日の夕方から早朝にかけて燃え広がっていた山火事は、無事消火できた。

47 〜にわたって／〜にわたり

接続　**名詞**

意味　〜の間、〜の範囲で

例　明日の未明、関東全域にわたって、激しい雷雨になるでしょう。

48 〜をつうじて／〜をとおして

接続　**名詞**

意味　❶ 〜によって（手段・方法）
　　　❷ 〜中、〜の間ずっと

例　❶ オンライン・ミーティングのシステムをつうじて、授業を行うことができるようになった。
　　❷ 京都は四季をとおして、観光客でにぎわっている。

〜際（に）
「この際」は、慣用句的な使い方で、「このとき」とは言い換えられません。

〜から…にかけて
「〜から…にかけて」と「〜から…まで」の違いは、接続する名詞です。
「〜から…にかけて」を使う場合は、始まりや終わりがはっきりしていないときです。
　○ 3月上旬から5月下旬にかけて、この道は通行止めになります。
　× 3月20日から5月31日にかけて、この道は通行止めになります。

Point!

次の文の（　　　　）に入れるのに最もよいものを、1・2・3・4から一つ選びなさい。

1 館内に（　　　　　　）際に、手荷物検査を受けてください。

1　入り　　　　　　2　入る　　　　　　3　入って　　　　　4　入った

2 ホームと電車にすきまがありますので、お降り（　　　　　　）際に、足もとにお気を
つけください。

1　と　　　　　　　2　を　　　　　　　3　も　　　　　　　4　の

3 最近、クレームが多いので、社員は電話が（　　　　　　）たび、暗い顔をしている。

1　鳴った　　　　　2　鳴る　　　　　　3　鳴ろう　　　　　4　鳴り

4 帰省（　　　　　　）たびに、めいは大きくなっている気がする。

1　で　　　　　　　2　へ　　　　　　　3　の　　　　　　　4　が

5 現在沖縄で暮らしている友達に、（　　　　　　）ぶりに会ったら、日焼けしていた。

1　5年　　　　　　2　5年だ　　　　　3　5年である　　　4　5年の

6 東京へ引っ越してきたとき、電車の混雑ぶり（　　　　　　）、びっくりしていた。

1　を　　　　　　　2　へ　　　　　　　3　に　　　　　　　4　は

7 明日は九州から（　　　　　）にかけて、晴れるでしょう。

1　関西の　　　　　2　関西だ　　　　　3　関西である　　　　　4　関西

8 北海道の流氷を観光できるのは、1月下旬から3月上旬（　　　　　）かけてです。

1　で　　　　　2　と　　　　　3　に　　　　　4　も

9 あの博物館のイベントは、（　　　　　）にわたって開催される。

1　2か月だ　　　　　2　2か月である　　　　　3　2か月の　　　　　4　2か月

10 高熱が出る病気が、全国（　　　　　）わたり、流行した。

1　に　　　　　2　も　　　　　3　が　　　　　4　と

11 あの人とは、（　　　　　）をつうじて、仲よくなった。

1　ボランティア活動の　　　　　　　　　2　ボランティア活動だ
3　ボランティア活動　　　　　　　　　　4　ボランティア活動である

12 アニメ（　　　　　）とおして、日本の文化を知った。

1　の　　　　　2　を　　　　　3　に　　　　　4　で

次の文の（　　　　）に入れるのに最もよいものを、1・2・3・4から一つ選びなさい。

1 関東の紅葉の見ごろのシーズンは、11月の中旬から12月上旬（　　　　）だ。

　　1　にかけて　　　　2　のたび　　　　　3　にわたって　　　4　とおして

2 お困りの（　　　　）は、近くにいるスタッフにお声がけください。

　　1　わたって　　　　2　際に　　　　　　3　ぶりに　　　　　4　たびに

3 雪まつりの雪の像は、約1か月に（　　　　）、設計され制作される。

　　1　とおして　　　　2　つうじて　　　　3　わたって　　　　4　際して

4 わが子も20歳になったが、暮らし（　　　　）を見ていると、まだまだ心配だ。

　　1　の際　　　　　　2　のたび　　　　　3　をとおして　　　4　ぶり

5 楽譜（　　　　）、曲に込められた作曲者の思いが伝わってくる気がする。

　　1　にわたって　　　2　にかけて　　　　3　のたびに　　　　4　をとおして

6 学生時代にはやっていた歌が流れる（　　　　）、当時のことを思い出す。

　　1　際に　　　　　　2　たびに　　　　　3　にわたって　　　4　ぶりに

Ⅲ 組み立て問題

次の文の＿★＿に入る最もよいものを、1・2・3・4から一つ選びなさい。

1 ハワイは ＿＿＿ ＿＿＿ ＿★＿ ＿＿＿ 場所だ。

　1　1年　　　　　　　2　過ごし　　　　　3　やすい　　　　　4　をとおして

2 宝くじが ＿＿＿ ＿＿＿ ＿★＿ ＿＿＿ ことがない。

　1　たびに　　　　　2　発売される　　　3　当たった　　　　4　買うが

3 日本の ＿＿＿ ＿＿＿ ＿★＿ ＿＿＿ 行われることが多い。

　1　3日間に　　　　2　大学の　　　　　3　文化祭は　　　　4　わたって

4 （ホテルで）

　　外出をする ＿＿＿ ＿＿＿ ＿★＿ ＿＿＿ ください。

　1　かぎ　　　　　　2　フロントに　　　3　をお預け　　　　4　際には

5 禁煙していたが ＿＿＿ ＿＿＿ ＿★＿ ＿＿＿ しまった。

　1　ぶりに　　　　　2　たばこ　　　　　3　半年　　　　　　4　を吸って

6 台風が ＿＿＿ ＿＿＿ ＿★＿ ＿＿＿ かけてです。

　1　7月から　　　　2　10月に　　　　　3　多い　　　　　　4　時期は

Ⅳ 文章問題

次の文章を読んで、文章全体の内容を考えて、　1　から　6　の中に入る最もよい
ものを、1・2・3・4から一つ選びなさい。

友達と、10年　1　有名なテーマパーク(注1)に遊びに行ってきた。園内を流れ
る川を、小さな船でまわるアトラクションがあり、おもしろそうなので乗ってみた。
船をあやつる船頭（せんどう）が、ほかの船と　2　、「チャオ」(注2)と言ったり、なにか歌を
歌ったりしていて、私と友達はまるで外国にいるような気持ちになっていた。船頭は
みな親切で、最後には「船から　3　、お気をつけください」と、乗客一人一人
に声をかけていた。

あとで調べてわかったが、このアトラクションは、イタリアのヴェネツィアの伝
統的なゴンドラ(注3)をまねたものだそうだ。船頭が歌っていた歌は、有名なイタリ
アのオペラの曲だった。

ヴェネツィアは町の　4　大運河が流れ、町全体にわたって水上交通(注4)が
　5　。ゴンドラの船頭は、　6　、男性しかいなかったそうだが、女性の船頭
も誕生（たんじょう）したという。

テーマパークの夜のショーもきれいだった。約5分間、花火が次々と打ち上げら
れ、その日の締（し）めくくりにぴったりだった。

（注1）テーマパーク：特定のテーマにそって作られた観光施設。
（注2）チャオ：イタリア語で「こんにちは」。
（注3）ゴンドラ：イタリアのヴェネツィアの名物の船。
（注4）水上交通：水路を利用する交通。

1

1　にかけて　　　　　2　ぶりに　　　　　3　のたびに　　　　　4　の際に

2

1　すれちがいをとおして　　　　　2　すれちがいだらけで

3　すれちがうたびに　　　　　4　すれちがいぶりに

3

1　お降りになるたびに　　　　　2　お降りになるまま

3　降りられるところは　　　　　4　降りられる際には

4

1　北西から南東にわたれば　　　　　2　北西から南東にかけて

3　北西から南東に際して　　　　　4　北西から南東をとおして

5

1　発達していなければならない　　　　　2　発達するにちがいない

3　発達しているそうだ　　　　　4　発達するだろう

6

1　長い歴史をつうじて　　　　　2　長い歴史の際には

3　長い歴史に比べて　　　　　4　長い歴史にかけて

第 9 日

49 〜におうじて

接続　名詞

意味　〜に合^あわせて

例　季節^{きせつ}におうじて、着^きる服^{ふく}を変^かえる。

50 〜にしたがって

接続　動詞・辞書形｜名詞

意味　〜すると…も一緒^{いっしょ}に

例　森^{もり}の奥^{おく}へ進^{すす}むにしたがって、どんどん暗^{くら}くなっていく。

51 〜にそって

接続　名詞

意味　〜のとおりに、〜から離^{はな}れないで

例　矢印^{やじるし}にそって進^{すす}んでいけば、会場^{かいじょう}へ着^つけます。

52 〜につれ（て）

接続　動詞・辞書形｜名詞

意味　〜と一緒^{いっしょ}に

例　この辺^{あた}りは、暗^{くら}くなるにつれて、人通^{ひとどお}りが少^{すく}なくなります。

53 〜にともなって

接続　動詞・辞書形（＋の）｜名詞
意味　〜と一緒に
例　　人口の高齢化にともなって、医療や介護の費用が増えてきた。

54 〜とともに

接続　動詞・辞書形｜名詞
意味　❶ 〜と同時に
　　　❷ 〜と一緒に
例　　❶ 年末が近づくとともに、街のあちらこちらでイルミネーションが点灯される。
　　　❷ あなたとともに生きていく。

〜におうじて、〜にしたがって、〜につれて、〜にともなって
この4つの特徴を少しだけ紹介します。
　「〜におうじて」は、接続する名詞は、変化するもの（場合、状況など）になります。
　「〜にしたがって」は、規則や方針などと一緒に使用されることが多いです。
　「〜につれて」は、時間の経過を表す場面で使用されることが多いです。
　「〜にともなって」は、社会に関わる場面で使用されることが多いです。

Point!

次の文の（　　　）に入れるのに最もよいものを、1・2・3・4から一つ選びなさい。

1 当施設では、実務の（　　　）におうじて、基本給が決まります。

1　経験の　　　　　2　経験だ　　　　　3　経験である　　　4　経験

2 語学学校では、入学時のレベルテストの結果（　　　）おうじて、クラスを決めます。

1　に　　　　　　2　で　　　　　　3　が　　　　　　4　と

3 医療保険は、加入するときの年齢が（　　　）にしたがって、保険料が上がる。

1　高い　　　　　2　高くなる　　　　3　高くなった　　　4　高く

4 時代の流れ（　　　）したがって、人々の生き方も多様化してきた。

1　も　　　　　　2　へ　　　　　　3　に　　　　　　4　を

5 機械の操作は、（　　　）にそって、進めてください。

1　マニュアルである　　　　　　　2　マニュアル
3　マニュアルだ　　　　　　　　　4　マニュアルの

6 この通りは、川（　　　）そって桜が植えられているので、春になるととても
きれいだ。

1　が　　　　　　2　は　　　　　　3　で　　　　　　4　に

7 年齢が（　　　　　）につれて、新陳代謝が落ちてくる。

1　上がる　　　　　　2　上がれ　　　　　　3　上がって　　　　4　上がった

8 引っ越しする日が近づく（　　　　　）つれて、この街のよさをしみじみ感じている。

1　の　　　　　　　　2　を　　　　　　　　3　に　　　　　　　4　と

9 地球温暖化が（　　　　　）にともなって、世界中で異常気象が起きている。

1　進んで　　　　　　2　進む　　　　　　　3　進み　　　　　　4　進んだ

10 海外からの観光客が増える（　　　　　）ともなって、街の中のアナウンスや表示が多言語化してきた。

1　が　　　　　　　　2　で　　　　　　　　3　へ　　　　　　　4　に

11 インターネットの(　　　　　)とともに、世界各地と簡単に連絡が取れるようになった。

1　普及である　　　　2　普及だ　　　　　　3　普及　　　　　　4　普及の

12 ドローンの進化（　　　　　）ともに、災害時に救援物資を安全に輸送できるようになった。

1　と　　　　　　　　2　が　　　　　　　　3　の　　　　　　　4　も

Ⅱ 応用問題

次の文の（　　　）に入れるのに最もよいものを、1・2・3・4から一つ選びなさい。

1 上司「新しい企画のプレゼンテーションは、このスライド（　　　）、行って
　　　ください。」
　　部下「わかりました。」

　　1　にそって　　　　　2　次第で　　　　　　3　をめぐって　　　　4　としたら

2 それぞれのスキル（　　　　　）、担当する業務を決めますが、希望通りにならない場合
　　もあります。

　　1　をこめて　　　　　2　からいって　　　　3　といえば　　　　　4　におうじて

3 世界中の不景気（　　　　　）、日本でもいろいろなものが値上がりした。

　　1　くらいだから　　　2　にともなって　　　3　以来　　　　　　　4　に関して

4 この料理は、時間がたつ（　　　　　）、まずくなる。

　　1　わりには　　　　　2　とは　　　　　　　3　につれて　　　　　4　すえに

5 朝日が昇る（　　　　　）、あたりの景色がよくみえるようになった。

　　1　からして　　　　　2　最中で　　　　　　3　あまり　　　　　　4　とともに

6 ヘリコプターが上昇する（　　　　　）、重力がかかる。

　　1　をつうじて　　　　2　にしたがって　　　3　一方で　　　　　　4　ために

Ⅲ 組み立て問題

次の文の ___★___ に入る最もよいものを、1・2・3・4から一つ選びなさい。

1 追い風が ____ ____ __★__ ____ いく。

  1 進んで   2 ヨットは   3 ともに   4 吹くと

2 この町は、 川 ____ ____ __★__ ____ 発展してきた。

  1 船の運送   2 が   3 に   4 そって

3 大気中の二酸化炭素が ____ ____ __★__ ____ きた。

  1 さまざまな対策が   2 増える

  3 にともなって   4 とられて

4 頂上に ____ ____ __★__ ____ いく。

  1 呼吸が   2 近づくに   3 苦しくなって   4 したがって

5 新入社員は大変な仕事を ____ ____ __★__ ____ なっていった。

  1 成長する   2 頼もしく   3 につれて   4 経験して

6 調査を行い、イベント来場者の ____ ____ __★__ ____ 変えていく。

  1 おうじて   2 やり方を   3 要求に   4 設備や

Ⅳ 文章問題

次の文章を読んで、文章全体の内容を考えて、 1 から 6 の中に入る最もよいものを、1・2・3・4から一つ選びなさい。

日本の小中学校で、お昼に提供される給食は、世界から見ると、少し特殊なもののようだ。

まず、栄養の計算 1 、きちんとメニューが決められていて、バランスが取れた食事であること。そして児童たちは、先生の指示に 2 、自分たちで給食の準備をすること、などだ。また日本独自の 3 、「いただきます」と言ってから食事をする風景に、驚く外国人もいるという。

他の国の学校の給食は、とても量が少なかったり、予算がなく給食が提供されなかったりする場合もある、という話を聞いたことがある。確かに日本の給食は、料理の数も多く、豪華に見えるかもしれない。

また、ほかの国の料理を給食に取り入れていることも、めずらしいようだ。国際化にともなって、 4 。子どもたちに学校の給食について聞いてみると、最近では「パエリア」(注1)「フェジョアーダ」(注2)「ガパオライス」(注3)などが出ることもあるそうだ。

時代と 5 変わっていく日本の給食だが、私が学生のころの給食の人気メニューは、カレーライスやうどんなどだった。今の児童が食べている給食も、 6 、また新しくなるのだろうか。

（注1）パエリア：スペインのたき込みご飯。
（注2）フェジョアーダ：ブラジルの黒豆と肉の煮込み。
（注3）ガパオライス：いためたとり肉がご飯にのったタイ料理。

1

1 をとわず　　　　2 とあって　　　　3 におうじて　　　　4 からこそ

2

1 つれて　　　　　2 かけて　　　　　3 ついて　　　　　4 したがって

3

1 マナーにそって　　　　　　　　2 マナーに対して
3 マナーをめぐって　　　　　　　4 マナーをもとにして

4

1 給食も変化しよう　　　　　　　2 給食も変化している
3 給食は変化しない　　　　　　　4 給食は変化するだけでいい

5

1 ともなって　　　　2 そって　　　　3 ともに　　　　4 おうじて

6

1 時がたつにそって　　　　　　　2 時がたつころには
3 時がたつあまり　　　　　　　　4 時がたつにつれて

第10日

55 〜ざるをえない

接続　**動詞**・ない形　＊「する」につくときは「せざるをえない」になる。少しかたい表現。

意味　〜しなければならない

例　先輩に誘われたら、行かざるをえない。

56 〜ずにはいられない

接続　**動詞**・ない形　＊「する」につくと「せずにはいられない」になる。

意味　どうしても〜てしまう

例　家に帰って、シャワーを浴びると、冷たい飲み物を飲まずにはいられない。

57 〜にすぎない

接続　普通形（**な形容詞**＋である｜**名詞**、**名詞**＋である）

意味　ただ〜だけだ

例　彼の言ったことは、冗談にすぎない。

58 〜てしかたがない／〜てしようがない／〜てたまらない ／〜てならない

接続　動詞・て形｜**い形容詞**＋くて｜**な形容詞**＋で

　　　＊「〜てしようがない」の話し言葉に、「〜てしょうがない」がある。

意味　とても〜だ

例　このところ残業や休日出勤が続き、疲れてしかたがない。
　　日中このマンションの外装工事をしているので、うるさくてしようがない。
　　40度近い気温なので、日陰にいても、暑くてたまらない。
　　科学的に解明されているが、オーロラを見ると、不思議でならない。

⁵⁹ ～ではないか

接続　**動詞**・意向形

意味　～しませんか（呼びかける表現）
　　　＊話し言葉では、「～じゃないか」が使われることが多い。ていねいな言い方は「～ではありませんか」。

例　　今こそ、みんなで新しい時代を作ろうではないか。

⁶⁰ ～よりほかない

接続　**動詞**・辞書形

意味　～しか方法がない

例　　彼がとても怒っているので、落ち着くまでそっとしておくよりほかない。

～ざるをえない、～よりほかない

意味は似ていますが少し違いがあります。
「～ざるをえない」は、他に方法がないので、強制的にしなければならないとき、
「～よりほかない」は、状況から考えられる方法や手段を述べるときに使われます。

～てしかたがない、～てたまらない、～てならない

「～てしかたがない」は、「うるさい」「遅い」などの評価の言葉と、
使うことがあります。
「～てたまらない」は、感情を表すい形容詞、な形容詞と使います。
「～てならない」は、「思える」「残念な」「悲しい」などの
自然に出てくる感情を表す言葉と使います。

Point!

Ⅰ 基礎問題

次の文の（　　　）に入れるのに最もよいものを、1・2・3・4から一つ選びなさい。

1 お金がないと生きていけないから、（　　　）ざるをえない。

1 働いた　　　　2 働く　　　　3 働き　　　　4 働か

2 大学の試験で単位が取れなかったら、留年^{りゅうねん}せざる（　　　）えない。

1 も　　　　2 を　　　　3 の　　　　4 と

3 ストレスがたまると、甘いものを（　　　）にはいられない。

1 食べず　　　　2 食べて　　　　3 食べよう　　　　4 食べろ

4 その絵がとても美しかったので、見つめず（　　　）はいられなかった。

1 で　　　　2 で　　　　3 へ　　　　4 に

5 あの人の意見は、外国の論文を自分勝手に（　　　）にすぎない。

1 解釈し　　　　2 解釈しよう　　　　3 解釈している　　　　4 解釈して

6 地球の歴史と比べると、人類の歴史はとても短いもの（　　　）すぎない。

1 で　　　　2 に　　　　3 が　　　　4 も

7 キャンペーンに当選して、景品^{けいひん}をもらえたので、（　　　）てたまらない。

1 うれしい　　　　2 うれし　　　　3 うれしく　　　　4 うれしさ

8 友達からのSNSのメッセージに返信したが、反応がないので、気になってしかた（　　　　　）ない。

　　1　が　　　　　　　　2　は　　　　　　　　3　も　　　　　　　　4　の

9 協力しあって、この状況を（　　　　　）ではないか。

　　1　乗り越えて　　　　2　乗り越える　　　　3　乗り越えよう　　　4　乗り越えろ

10 みんなで力を合わせて、優勝しよう（　　　　　）ないか。

　　1　でも　　　　　　　2　では　　　　　　　3　にも　　　　　　　4　には

11 登山中、吹雪になってしまったので、山小屋で天気が変わるのを（　　　　　）よりほかない。

　　1　待たない　　　　　2　待った　　　　　　3　待て　　　　　　　4　待つ

12 どうしてもあきらめられないので、最後までやりぬく（　　　　　）ほかない。

　　1　まで　　　　　　　2　より　　　　　　　3　のみ　　　　　　　4　こそ

Ⅱ 応用問題

次の文の（　　　）に入れるのに最もよいものを、1・2・3・4から一つ選びなさい。

1 これ以上、トラブルを長引かせないために、お客様に謝罪する（　　　）。

　1　よりほかない　　　2　にすぎない　　　3　ではないか　　　4　にはいられない

2 少し混乱したが、会社の新体制は、まだ始まった段階（　　　）。

　1　であってたまらない　　　　　　　2　ではないか
　3　よりほかない　　　　　　　　　　4　にすぎない

3 細く長い険しい道でも、このまま突き進もう（　　　）。

　1　ほかない　　　2　ではないか　　　3　すぎない　　　4　ざるをえない

4 インフルエンザにかかってしまったので、仕事を（　　　）だろう。

　1　休まざるをえない　　　　　　　　2　休まずにはいられない
　3　休んでしようがない　　　　　　　4　休むにすぎない

5 全身に湿疹ができたので、かゆくて（　　　）。

　1　ないか　　　2　ほかない　　　3　すぎない　　　4　しかたがない

6 （職員室で）
　中島「山下先生は、学生に対して、少し厳しくないですか。」
　山下「学生のことを思えば、言わずには（　　　）んですよ。」

　1　ならない　　　2　いけない　　　3　いられない　　　4　たまらない

Ⅲ 組み立て問題

次の文の＿★＿に入る最もよいものを、1・2・3・4から一つ選びなさい。

1 この問題に ＿＿＿ ＿＿＿ ★ ＿＿＿ にすぎない。

1　基礎的な問題　　　　　　　　2　苦戦している
3　みたいだが　　　　　　　　　4　これは

2 豪雨のときは私の家は ＿＿＿ ＿＿＿ ★ ＿＿＿ でしょう。

1　移動せざる　　　　　　　　　2　危険地域にあるので
3　をえない　　　　　　　　　　4　避難場所に

3 職場の雰囲気が ＿＿＿ ＿＿＿ ★ ＿＿＿ ほかない。

1　ように　　　2　私が　　　3　我慢するより　　　4　悪くならない

4 街頭演説で ＿＿＿ ＿＿＿ ★ ＿＿＿ と訴えている。

1　ではないか　　　2　政治家が　　　3　法律を　　　　4　変えよう

5 一生懸命 ＿＿＿ ＿＿＿ ★ ＿＿＿ なる。

1　いられなく　　　　　　　　　2　頑張っている
3　声援を送らずには　　　　　　4　選手を見ると

6 親友が ＿＿＿ ＿＿＿ ★ ＿＿＿ しょうがない。

1　言いかけて　　　2　やめたので　　　3　気になって　　　4　何かを

Ⅳ 文章問題

次の文章を読んで、文章全体の内容を考えて、　1　から　6　の中に入る最もよい
ものを、1・2・3・4から一つ選びなさい。

　私がこの大学に入学した理由は、パンフレットの「国際社会を理解し、世界に
通用する人材に　1　」というキャッチフレーズに魅力を感じたからだ。大学は
寮に入って通うことになった。寮は2人部屋のほうが安いので、費用を考えると、
ルームシェアを　2　。

　はじめて寮に来た日、これから一緒に生活する人とうまくやっていけるかなど、
ドキドキしていると、外国人学生が入って来た。私があまり上手でない英語で自己
紹介をすると、相手がドイツ人だということがわかった。早く仲よくなりたかった
ので、私が知っている限りのドイツの話をすると、彼女は　3　といった様子で、
ドイツのお菓子をくれた。

　ある日曜日、私が朝、掃除機をかけようとすると、彼女は驚いて「なんで、掃除
機をかけるの？」と聞いてきた。彼女の話では、ドイツでは日曜日や祝日に大きな
音をたててはいけない、という法律があり、掃除機はかけないのが当たり前なのだ
そうだ。日本では、早朝や深夜は、マンションなどでは掃除機をかけないことが
多いが、これは法律ではなく　4　。私は音に関する文化の違いに、　5　。

　きっとこれからもさまざまな違いを感じると思うが、楽しく生活していきたい。
「4年後、就職先が決まらなければ、ビザがないので、　6　」、という彼女の言葉に、
早く日本の生活に慣れるよう、サポートができればと考えている。

1

  1 ならずにはいられない   2 なろうではないか

  3 なりたくてしかたがない   4 ならざるをえない

2

  1 選んだことはなかった   2 選ぶにすぎなかった

  3 選んだつもりだった   4 選ぶよりほかなかった

3

  1 うれしくてもかまわない   2 うれしくていられない

  3 うれしくてたまらない   4 うれしくてとまらない

第
10
日

4

  1 マナーにすぎない   2 マナーのわけがない

  3 マナーだったらいい   4 マナーよりほかない

5

  1 驚いたみたいだ   2 驚かずにはいられなかった

  3 驚くにすぎなかった   4 驚いてならなかった

6

  1 帰国せずにはいられない   2 帰国するとは限らない

  3 帰国せざるをえない   4 帰国してほしい

作 文 ②
第6日～第10日

　　_____に言葉を入れて、文を完成させなさい。

第6日

1 この機械は_____うえで、_____。

2 考え方が変わったきっかけは_____てはじめて、

　　_____と感じたからですね。

3 （ホームのアナウンス）

　　乗　客　　：　一体、何が起きているんだろう。

　　アナウンス　：　ただ今、駅で_____が起きました。

　　　　　　　　　　　　　　　　　_____次第、_____。

第7日

1 今、とても_____なので _____そうにありません。

2 _____は、まるで_____みたいです。

3 （病院で）

　　医　者：どうされましたか。

　　あなた：最近、_____ぎみで、_____がちなんです。

94

第 8 日

1 ＿＿＿＿＿＿＿は、＿＿＿＿＿＿＿＿際に、＿＿＿＿＿＿＿ください。

2 ＿＿＿＿＿＿＿＿＿＿＿が＿＿＿＿＿＿＿＿にわたって開催される。

3 （授業で）

先　生：どうして＿＿＿＿＿＿＿＿を知っているんですか。

あなた：＿＿＿＿＿＿＿をつうじて、＿＿＿＿＿＿＿を知ったんです。

第 9 日

1 ＿＿＿＿＿＿は、＿＿＿＿＿＿＿につれて、＿＿＿＿＿＿＿＿。

2 ＿＿＿＿＿＿＿は、＿＿＿＿＿＿＿とともに、＿＿＿＿＿＿＿。

3 　客　　：すみません、＿＿＿＿＿＿＿は、ありますか。

スタッフ：申し訳ございません。＿＿＿＿＿＿＿は、＿＿＿＿＿＿に
おうじて、販売しているため、今はありません。

第 10 日

1 ＿＿＿＿＿＿＿＿＿から、＿＿＿＿＿＿＿てしかたがない。

2 ＿＿＿＿＿＿＿ので、＿＿＿＿＿＿＿ざるをえません。

3 （テレビの取材で）

質問者：すみません、あなたが毎日必ずすることは何ですか。

あなた：そうですね、＿＿＿＿＿＿＿＿＿ずにはいられませんね。

▎ 次の文の（　　）に入れるのに最もよいものを、1・2・3・4から一つ選びなさい。

1 さまざまなやり方で、（　　　　　）、仮説が正しいかどうかがわかる。

　1　実験してからでないと　　　　　2　実験してはじめて

　3　実験するにともなって　　　　　4　実験するうえで

2 この本の（　　　　　）、折り紙を折っていけば、「つる」ができます。

　1　手順にそって　　　　　　　　　2　手順とともに
　3　手順次第で　　　　　　　　　　4　手順をつうじて

3 開会の挨拶がやっと（　　　　　）、また話しはじめた。

　1　終わったらしく　　　　　　　　2　終わったとたんに
　3　終わった際に　　　　　　　　　4　終わったかと思ったら

4 いいことがあったのか、彼は（　　　　）話した。

　1　興奮ぶりに　　　　　　　　　　2　興奮におうじて
　3　興奮ぎみに　　　　　　　　　　4　興奮にわたって

5 台風のため海が荒れて、波が高いので、出航を（　　　　　）状況だ。

　1　断念せずにはいられない　　　　2　断念せざるをえない
　3　断念しそうにない　　　　　　　4　断念しがちではない

6 この手続きは、（　　　　　）異なりますので、よく確認してください。

　1　国籍におうじて　　　　　　　　2　国籍につれて

　3　国籍にそって　　　　　　　　　4　国籍にすぎないで

7 あのお客さんは、早く席に（　　　　）。

1　つくよりほかない　　　　　　　　2　つきがちだ

3　つこうではないか　　　　　　　　4　つきたがっている

8 （観光バス内で）

「まもなく出発します。（　　　　　　）、シートベルトをしてください。」

1　席に座るのにともなって　　　　　2　席に座ることになり

3　席に座ってからでないと　　　　　4　席に座る際に

9 明日は九州から（　　　　　）、黄砂が飛ぶでしょう。

1　関西をとおして　　　　　　　　　2　関西とともに

3　関西にかけて　　　　　　　　　　4　関西のたびに

10 学生「私のレポートが不可って、どういうことなんですか！」

教授「もう少し落ち着いて（　　　　　）。」

1　話し合いそうにない　　　　　　　2　話し合うらしい

3　話し合おうじゃないか　　　　　　4　話し合うよりほかない

11 医療技術が（　　　　　）、各国の平均寿命が延びている。

1　発展するにともなって　　　　　　2　発展したうえで

3　発展したかと思うと　　　　　　　4　発展し次第

12 最近の本田選手の（　　　　　）、目を見張る。

1　活躍ぎみで　　　　　　　　　　　2　活躍ぶりには

3　活躍に比べて　　　　　　　　　　4　活躍にすぎず

13 このままでは相手チームに（　　　　　）ので、ピッチャーを交代しよう。

1　追いつきたくてしかたがない　　　　2　追いつかずにはいられない

3　追いつきがちではない　　　　　　　4　追いつきそうにない

14 動画投稿サイトで高評価をもらっても、結局は（　　　　）んだから。

1　自己満足するよりほかない　　　　　2　自己満足がちな

3　自己満足にすぎない　　　　　　　　4　自己満足せざるをえない

15 行方不明者の捜索活動は（　　　　）行われ、全員無事に救出された。

1　3日間につれて　　　　　　　　　　2　3日間にかけて

3　3日間ぶりに　　　　　　　　　　　4　3日間にわたって

16 説明をよく（　　　　）、作業に取りかかってください。

1　聞いたうえで　　　　　　　　　　　2　聞き次第

3　聞くたびに　　　　　　　　　　　　4　聞くにともなって

17 レスキュー隊は、（　　　　）直ちに現場に急行します。

1　揺れが収まるうえで　　　　　　　　2　揺れが収まることなく

3　揺れが収まり次第　　　　　　　　　4　揺れが収まってみてはじめて

18 飼い犬は、大好きな姉がそばにいると、（　　　　）なるようだ。

1　甘えたがっていたく　　　　　　　　2　甘えずにはいられなく

3　甘えてたまらなく　　　　　　　　　4　甘えぶりに

19 住宅地から（　　　　）、木が増え、美しい景色が見えてきた。

1　離れていく際に　　　　　　　　　　2　離れていくらしく

3　離れていくにしたがって　　　　　　4　離れていったかと思うと

20 寝不足が続くと、普段では気にならないことでも（　　　　）なる。

　1　いらいらするよりほかなく　　　　2　いらいらしがちに
　3　いらいらしそうになく　　　　　　4　いらいらしぎみに

■ 次の文の＿★＿に入る最もよいものを、1・2・3・4から一つ選びなさい。

1　きちんとリサーチしたうえで、A駅に　＿＿＿　＿＿＿　＿★＿　＿＿＿　マンション
　建築の計画は進められない。

　1　からでないと　　　　　　　　　　2　人が集まるか
　3　判明して　　　　　　　　　　　　4　どのくらい

2　その作家は、締め切り当日に「　＿＿＿　＿＿＿　＿★＿　＿＿＿　」と連絡して
　くるらしく、困っている出版社が多いみたいだ。

　1　そうにないから　　　　　　　　　2　間に合わない
　3　いい作品が　　　　　　　　　　　4　書け

3　アメリカ　＿＿＿　＿＿＿　＿★＿　＿＿＿　激しい雨が降り、竜巻が起きる可能性
　があり、政府は注意を呼びかけている。

　1　全土に　　　　　　　　　　　　　2　ハリケーンの進路に
　3　そって　　　　　　　　　　　　　4　わたり

第11日

61 〜おそれがある

接続　**動詞**・辞書形｜**名詞**（**名詞**＋の）

意味　〜という悪いことの可能性がある

例　　雨の降る日が少ないと、水不足になる**おそれがある**。

62 〜がたい

接続　**動詞**・ます形

意味　〜するのが難しい

例　　どうも彼女の話は、信じ**がたい**。

63 〜づらい

接続　**動詞**・ます形

意味　〜するのが難しい

例　　このハンバーガーは大きいので、食べ**づらい**。

64 〜うる

接続　**動詞**・ます形　＊否定形は「えない」。

意味　❶ 〜という可能性がある／ない

　　　❷ 〜できる／できない

例　　❶ あのような事故は、日本でも起こり**うる**ね。

　　　❷ 空気と水がないと人間は存在し**えない**。

65 〜かねる

接続　動詞・ます形

意味　〜しようとしてもできない

例　そのことに関しては、賛成しかねます。

66 〜かねない

接続　動詞・ます形

意味　〜かもしれない

例　マイクさんのことだから、うっかりしてミスしかねないよ。

〜がたい、〜づらい

「〜がたい」と「〜づらい」は、意味は同じですが、接続する動詞と
ニュアンスが少し違います。
「〜がたい」は、「想像する、信じる」などの動詞と接続します。
「〜づらい」は、負担を感じた場面で使用します。

〜かねる

「〜かねる」は、「〜しようとしても無理だ、できない」という気持ちが含まれるので、
能力の「〜できない」とは異なります。
　○ あの人の意見には賛成しかねる。
　× 私は、中国語を話しかねる。

Point!

101

次の文の（　　　　）に入れるのに最もよいものを、1・2・3・4から一つ選びなさい。

1 子どもが少なくなると、この村の小学校も（　　　　）おそれがある。

　1　廃校_{はいこう}して　　　　2　廃校_{はいこう}する　　　　3　廃校_{はいこう}し　　　　4　廃校_{はいこう}しない

2 人気が出ないと、アイドル・グループも解散（　　　　）おそれがある。

　1　に　　　　　　　2　と　　　　　　　3　の　　　　　　　4　も

3 マリーさんの言っていることはわかるが、どうも（　　　　）がたい。

　1　納得_{なっとく}した　　　2　納得_{なっとく}する　　　3　納得_{なっとく}し　　　4　納得_{なっとく}せ

4 まじめな北川_{きたがわ}さんが、犯罪をするなんて、（　　　　）がたい。

　1　考える　　　　　2　考えて　　　　　3　考えた　　　　　4　考え

5 最新型のスマートフォンに慣れていないので、（　　　　）づらい。

　1　使わ　　　　　　2　使い　　　　　　3　使う　　　　　　4　使った

6 この薬は、錠剤_{じょうざい}が大きいので、（　　　　）づらそうな患者さんもいる。

　1　飲み　　　　　　2　飲んで　　　　　3　飲もう　　　　　4　飲め

7 今回の通信トラブルは、他の通信会社でも（　　　　）うるケースだ。

  1　起こる　　　　　2　起こった　　　　3　起こり　　　　4　起こら

8 地球以外に人が存在することは、本当に（　　　　）えないことなのだろうか。

  1　あろう　　　　　2　あり　　　　　3　あれ　　　　4　あって

9 社長は、新店舗を出店する場所を（　　　　）かねている。

  1　決めろ　　　　　2　決めた　　　　3　決める　　　　4　決め

10 さまざまな視点から考えてみたが、あの人の言っていることは、（　　　　）かねる。

  1　理解し　　　　　2　理解して　　　　3　理解しよう　　　　4　理解せ

11 明日は朝早いから、中島さんは、（　　　　）かねない。

  1　寝坊　　　　　2　寝坊だ　　　　3　寝坊し　　　　4　寝坊しよう

12 話し好きの部下は、取引先に余計なことを（　　　　）かねない。

  1　言わず　　　　　2　言わん　　　　3　言わぬ　　　　4　言い

次の文の（　　　）に入れるのに最もよいものを、1・2・3・4から一つ選びなさい。

1 商品の値上げをすると、お客様が来なくなる（　　　）。

1　えない　　　　　2　がたい　　　　　3　おそれがある　　4　かねない

2 何回聞いても、信じ（　　　）事実だね。

1　がたい　　　　　2　えない　　　　　3　かねる　　　　　4　うる

3 忘れ物が多い生徒に、見（　　　）先生がアドバイスした。

1　かねない　　　　2　うる　　　　　　3　がたい　　　　　4　かねた

4 この計画が失敗したら、会社が倒産することもあり（　　　）。

1　かねる　　　　　2　おそれがある　　3　うる　　　　　　4　づらい

5 山下「大きな台風が近づいているね。」
　　鈴木「対策をしなければ、最悪の事態になり（　　　）よ。」

1　づらい　　　　　2　かねない　　　　3　がたい　　　　　4　えない

6 このペンは、書き（　　　）ので、新しいのを買おう。

1　えない　　　　　2　かねない　　　　3　づらい　　　　　4　がたい

Ⅲ 組み立て問題

次の文の___★___に入る最もよいものを、1・2・3・4から一つ選びなさい。

1 世の中は ＿＿＿ ＿＿＿ ＿★＿ ＿＿＿ 起こる。

　1　想像し　　　　2　誰もが　　　　3　えない　　　　4　ことが

2 大きな ＿＿＿ ＿＿＿ ＿★＿ ＿＿＿ でしょう。

　1　あとには　　　2　おそれがある　3　津波の　　　　4　地震が起きた

3 あいまいに ＿＿＿ ＿＿＿ ＿★＿ ＿＿＿ かねない。

　1　していると　　2　苦情を言われ　3　返事を　　　　4　顧客から

4 この学生の ＿＿＿ ＿＿＿ ＿★＿ ＿＿＿ づらい。

　1　ないので　　　2　句読点が　　　3　とても読み　　4　レポートは

5 その ＿＿＿ ＿＿＿ ＿★＿ ＿＿＿ かねる。

　1　話には　　　　2　あり　　　　　3　納得し　　　　4　矛盾が

6 決勝戦は ＿＿＿ ＿＿＿ ＿★＿ ＿＿＿ ですね。

　1　どちらが勝つか　　　　　　　　2　がたい
　3　好カードなので　　　　　　　　4　予想し

Ⅳ 文章問題

次の文章を読んで、文章全体の内容を考えて、 1 から 6 の中に入る最もよいものを、1・2・3・4から一つ選びなさい。

「FIFA ワールドカップ」は、4年ごとに開催される、世界的なサッカーの大会だ。各国のサポーターが自分の国のチームを応援するため、スタジアムに向かう。サポーターの服装や応援の仕方には、その国の特色が出る。日本人サポーターの行動について、他国の人から意見も出るようだ。

例えば、日本が出場した試合後に、ある人が、「 1 光景だった」と、SNSで次のような発言をしたことだ。「多くの日本人サポーターは、試合の後にごみを拾い、自分たちの席を元通りきれいにして帰っていた。自分の国では 2 」。

この試合後のごみ拾いに関しては、「すばらしい」という意見が多かったが、「ごみを拾ってしまったら、清掃員の仕事を 3 」「なぜ日本人はわざわざごみを拾うのか、理由が 4 」という反対の意見もあった。

日本では、学校で掃除の方法を習い、児童・生徒たちが教室や校庭を掃除する習慣がある。そのため、自分たちの使った場所は、自分たちできれいにする、という考え方があるようだ。海外の多くの国では、清掃員が学校を掃除するため、子どもが掃除をすることは 5 、「児童虐待だ」という見方もあるそうだ。

最近では、日本で大きなイベントが開かれた後に、ごみがそのままになっていることもあるようだ。このままでは、「日本は清潔な国である」というイメージが 6 。サッカーの試合だけでなく、常にごみを拾い清潔を保つ、という習慣を忘れてはいけないのではないか。

1

1　忘れたままの　　2　忘れがたい　　3　忘れっぽい　　4　忘れうる

2

1　ありえない　　　　　　　　2　あるおそれがある

3　あるせいだ　　　　　　　　4　あったらいい

3

1　奪いかねない　　　　　　　2　奪ってばかりいる

3　奪われがたい　　　　　　　4　奪ってほしい

4

1　想像しうる　　　　　　　　2　想像しづらい

3　想像するおそれがある　　　4　想像にすぎない

5

1　理解しかねる習慣で　　　　2　理解したい習慣なので

3　理解しうる習慣ならば　　　4　理解しづらい習慣だったとしても

6

1　消えづらい　　　　　　　　2　消えることにしている

3　消えるだけでいい　　　　　4　消えるおそれがある

第12日

67 〜うちに

接続　動詞・辞書形、動詞・ない形｜い形容詞｜な形容詞｜名詞＋の

意味　〜間（あいだ）に

例　知（し）らないうちに、カードの情報（じょうほう）が盗（ぬす）まれ、不正利用（ふせいりよう）されていた。

68 〜か…かのうちに

接続　動詞・辞書形、動詞・た形＋か―動詞・ない形＋かのうちに

意味　〜たらすぐに

例　授業（じゅぎょう）が終（お）わるか終（お）わらないかのうちに、学生（がくせい）は教室（きょうしつ）を出（で）て行（い）った。

69 〜かぎり（は）

接続　動詞・辞書形｜い形容詞｜な形容詞＋な

意味　〜の間（あいだ）はずっと

例　意識（いしき）がなくても、父（ちち）の心臓（しんぞう）が動（うご）いているかぎり、そばにいたい。

- -

応用　「動詞・ない形＋かぎり」という形（かたち）で、「〜なければ」の意味（いみ）もある。

例　語学（ごがく）は、勉強（べんきょう）しないかぎり、身（み）に付（つ）きません。

70 〜かぎり

接続　動詞・辞書形｜名詞＋の

意味　〜のすべて

例　夏（なつ）に北海道（ほっかいどう）の富良野（ふらの）へ行（い）ったら、見渡（みわた）すかぎりラベンダー畑（ばたけ）が広（ひろ）がっていた。

71 ～とはかぎらない

接続　普通形

意味　～とは決まっていない

例　現状を考えると、私が彼の仕事を代わりにできる**とはかぎらない**。

72 ～にかぎる

接続　動詞・辞書形、動詞・ない形 ｜ い形容詞 （ い形容詞 ＋の）

　　　｜ な形容詞 （ な形容詞 ＋の） ｜ 名詞

意味　～が一番いい

例　和食といえば、天ぷら**にかぎる**。

第12日

～うちに

「～うちに」の後ろの表現で、ニュアンスが変わってきます。

「～うちに」の後ろの表現が、気持ちのある表現であれば、「～間に…をする」で、後ろの表現が自然の表現（自分の意志に関係ない表現）であれば、

「～間に…になった」です。

▶ 気持ちを表す表現：子どもが宿題をしている<u>うちに</u>、料理を作りたい。

　⇒～する間に…する

▶ 自然の表現：スーパーで買い物をしている<u>うちに</u>、雨が止んだ。

　⇒～間に…になった

Point!

Ⅰ 基礎問題

次の文の（　　　）に入れるのに最もよいものを、1・2・3・4から一つ選びなさい。

1 祖母が（　　　）うちに、一緒に海外旅行に行きたい。

  1　元気だ　　　　　　2　元気の　　　　　　3　元気　　　　　4　元気な

2 外がまだ涼しいうち（　　　）、近くをジョギングしよう。

  1　に　　　　　　　2　と　　　　　　　3　で　　　　　4　も

3 電車のドアが（　　　）か（　　　）かのうちに、乗客は降りた。

  1　開こう／開かない　　　　　　　　2　開く／開かない
  3　開いた／開く　　　　　　　　　　4　開いて／開き

4 その客は急いでいるらしく、席に着いたか着かないか（　　　）うちに、料理を
注文した。

  1　へ　　　　　　　2　を　　　　　　　3　の　　　　　4　が

5 父は、健康で（　　　）かぎりは、仕事を続けたいと言う。

  1　あろう　　　　2　ある　　　　3　あれ　　　　4　あり

6 この会社で（　　　）かぎり、ストレスでお酒はやめられないだろう。

  1　働いた　　　　2　働き　　　　　3　働いている　　　4　働け

7 私も（　　　　　）かぎり、がんばりますので、よろしくお願いします。

　1　でき　　　　　　2　できた　　　　　　3　できない　　　　　4　できる

8 勝てないとわかっていても、（　　　　　）かぎり、戦おう。

　1　力である　　　　2　力だ　　　　　　3　力　　　　　　　4　力の

9 いくら最新の機械だからといって、（　　　　　）とはかぎらない。

　1　便利の　　　　　2　便利な　　　　　3　便利に　　　　　4　便利だ

10 インドといっても、毎日（　　　　　）とはかぎらない。

　1　暑く　　　　　　2　暑い　　　　　　3　暑か　　　　　　4　暑

11 疲れたときは、ゆっくりおふろに（　　　　　）にかぎる。

　1　入った　　　　　2　入り　　　　　　3　入って　　　　　4　入る

12 農家の人が、「野菜は、とりたて（　　　　　）かぎる」と教えてくれた。

　1　に　　　　　　　2　も　　　　　　　3　で　　　　　　　4　と

Ⅱ 応用問題

次の文の（　　　）に入れるのに最もよいものを、1・2・3・4から一つ選びなさい。

1　あなたが感謝の心を忘れず、謙虚^{けんきょ}でいる（　　　　　）、周りの人は助けてくれるでしょう。

  1　うちに　　　　　2　かぎり　　　　　3　うえで　　　　　4　たびに

2　あなたが伝えられる（　　　　）の情報を教えてください。

  1　かぎり　　　　　2　ぎみ　　　　　3　うち　　　　　4　がち

3　ある意見がSNSに投稿^{とうこう}されたかされないかの（　　　　）、そのアカウントは「炎上^{えんじょう}」した。

  1　とたんに　　　　2　みたいに　　　　3　かぎり　　　　4　うちに

4　少し体がだるいからといって、病気だ（　　　　）。

  1　いられない　　　2　にかぎる　　　　3　たまらない　　　4　とはかぎらない

5　チャン　「冬はどんなスポーツをする？」
　　マイヤー「冬といえば、スキーに（　　　　）よ。」

  1　かぎる　　　　　2　かぎらない　　　　3　そうにない　　　4　すぎない

6　何回もシミュレーションをする（　　　　）、うまくいくと確信^{かくしん}した。

  1　かぎり　　　　　2　うちに　　　　　3　際に　　　　　4　次第

Ⅲ 組み立て問題

次の文の ＿★＿ に入る最もよいものを、1・2・3・4から一つ選びなさい。

1 今後起こるかもしれない不景気^{ふけいき}に対して、現段階で ＿＿＿ ＿＿＿ ＿★＿ ＿＿＿ どうなるかわからない。

   1 かぎりの   2 準備を   3 しているが   4 考えられる

2 パソコンでも ＿＿＿ ＿＿＿ ＿★＿ ＿＿＿ 思っている。

   1 新機種に   2 スマホでも   3 かぎると   4 機械は

3 深夜、勉強に ＿＿＿ ＿＿＿ ＿★＿ ＿＿＿ 変わっていた。

   1 うちに   2 集中して   3 外は雪に   4 いる

4 雨が降ってきたので、＿＿＿ ＿＿＿ ＿★＿ ＿＿＿ 。

   1 試合を   2 とはかぎらない
   3 再開^{さいかい}しない   4 中断^{ちゅうだん}したが

5 アニメの主人公が、「みんなが ＿＿＿ ＿＿＿ ＿★＿ ＿＿＿ 続ける！」と 叫んだ。

   1 私を   2 戦^{たたか}い   3 信じてくれる   4 かぎり

6 赤ちゃんは ＿＿＿ ＿＿＿ ＿★＿ ＿＿＿ はじめた。

   1 泣き   2 起きたか   3 うちに   4 起きないかの

Ⅳ 文章問題

次の文章を読んで、文章全体の内容を考えて、　1　から　6　の中に入る最もよいものを、1・2・3・4から一つ選びなさい。

人気のお菓子、チョコレートの主な原料はカカオ（注1）です。カカオは、平均気温27度以上で、気温差が少ないといった場所でないかぎり　1　。主な生産地は、西アフリカのコートジボワールやガーナ、東南アジアのインドネシアなどです。カカオの木を育てるのは難しいのですが、最近は可能な　2　、自然な状態でカカオを育てようとしている農家もあります。

カカオの木になる「カカオポッド」という実の中にある種が、カカオ豆です。カカオは　3　、すばやく発酵させます。　4　、豆の色がチョコレートの色になり、香りがよくなり、どのような味になるか決まります。そして発酵の後乾燥させます。

日本でチョコレートの売り上げが特にいいのは、2月14日のバレンタインデーのころです。バレンタインデーの歴史は古く、「恋人の日」として祝われてきました。日本で、女性から男性へチョコレートを贈るようになったのは、1958年ごろと言われています。日本では女性が男性へ贈りますが、　5　。アメリカやヨーロッパの国では、男性が女性にチョコレートだけでなく花やプレゼントを贈ります。日本の男性は、「プレゼントを選ぶのは大変だ。チョコレートは　6　」と思っているかもしれませんね。

（注1）カカオ：チョコレートやココアの原料。

1 育つようです   2 育ちません

3 育てなければなりません   4 育つかもしれません

2

1 かぎり   2 うちに   3 ばかり   4 とおり

3

1 収穫するかわりに   2 収穫したかしないかのうちに

3 収穫したわりには   4 収穫すればするほど

4

1 発酵してからでないと   2 発酵しないかぎり

3 発酵する際に   4 発酵させているうちに

第12日

5

1 世界も同じではないでしょうか   2 世界も同じにすぎません

3 世界でも同じとはかぎりません   4 世界でも同じにほかなりません

6

1 もらう側とはかぎらない   2 もらう側のうちだ

3 もらう側にかぎる   4 もらう側のわけだ

第13日

73 ～たところ

接続　動詞・た形

意味　～してみたら（…になった）

例　警察官があやしい男に声をかけたところ、その男はおとなしく自首した。

74 ～ところだ

接続　❶ 動詞・辞書形 ｜ ❷ 動詞・ている形 ｜ ❸ 動詞・た形

意味　❶ これから～をする

　　　❷ ちょうど～をしている

　　　❸ 今～をした

例　❶ これから誕生日パーティーを始めるところだ。

　　❷ 今、誕生日パーティーをしているところだ。

　　❸ 今、誕生日パーティーが終わったところだ。

75 ～ところで

接続　動詞・た形

意味　どんなに～ても

例　今さら徹夜して勉強したところで、いい成績は取れないだろう。

76 ～ところに／～ところへ

接続　動詞・ている形、動詞・た形

意味　～ときに

例　待ち合わせ場所がわからなくて困っているところへ、友達とすれ違い、会うことができた。

77 ～どころか

接続　普通形

意味　❶ ～とは違って

　　　❷ ～だけではなく

例　　❶ 景気はよくなるどころか、ますます悪くなっていく。

　　　❷ この本は、子どもどころか大人が読んでも、泣けるストーリーだ。

78 ～どころではない

接続　動詞・辞書形｜名詞

意味　～できない、～は重要ではない、～場合ではない

例　　寝坊して、授業に遅れてしまいそうなので、朝ごはんを食べるどころではない。

～たところ

「～たところ」の後ろの表現に気をつけてください。

「～ということがわかった、～という結果になった」などの表現になります。

～どころか

「～どころか」の前と後ろに接続する語彙に気をつけてください。

前にレベルが高いもの、後ろにレベルが低いものが来ます。

○ 私は、レギュラーどころか、補欠にもなれなかった。

× 私は、補欠どころか、レギュラーにも選ばれなかった。

Point!

次の文の（　　　　）に入れるのに最もよいものを、1・2・3・4から一つ選びなさい。

1 ホテルに予約の電話を（　　　　）ところ、あいにくその日は満室だった。

　1　してみない　　　　2　してみた　　　　3　してみる　　　　4　してみて

2 受験のことで、大学の事務局に（　　　　）ところ、親切に教えてくれた。

　1　問い合わせ　　　　　　　　　　2　問い合わせる

　3　問い合わせよう　　　　　　　　4　問い合わせた

3 そろそろ飛行機の搭乗手続きが（　　　　）ところです。

　1　始まる　　　　2　始まって　　　　3　始まろう　　　　4　始まり

4 やっと子どもが（　　　　）ところなので、静かにしてください。

　1　寝ている　　　　2　寝た　　　　3　寝　　　　4　寝よう

5 今ごろ（　　　　）ところで、許す気にはなれない。

　1　あやまられ　　　2　あやまられる　　　3　あやまられた　　　4　あやまられて

6 少々発音やアクセントが違ったところ（　　　　）、相手には伝わるので、積極的に
日本人と日本語で話してください。

　1　に　　　　　　　2　で　　　　　　　3　へ　　　　　　　4　を

7 家を（　　　　）ところに、電話がかかってきた。

　　1　出ようとして　　　2　出ようとし　　　　3　出ようとする　　　4　出ようとした

8 リーさんに連絡をしようと思っていたところ（　　　　）、彼女からメッセージが来た。

　　1　へ　　　　　　　　2　と　　　　　　　　3　で　　　　　　　　4　も

9 待ち合わせの時間に（　　　　）どころか、30分も遅れてしまった。

　　1　間に合う　　　　　2　間に合い　　　　　3　間に合え　　　　　4　間に合わない

10 売れている新商品を使ってみたら、（　　　　）どころか、不便だった。

　　1　便利な　　　　　　2　便利に　　　　　　3　便利の　　　　　　4　便利だ

11 お金がないので、（　　　　）どころではない。

　　1　旅行　　　　　　　2　旅行の　　　　　　3　旅行だ　　　　　　4　旅行である

12 突然先方が怒り出してしまったので、（　　　　）どころではなかった。

　　1　話し合え　　　　　2　話し合った　　　　3　話し合う　　　　　4　話し合おう

第13日

Ⅱ 応用問題

次の文の（　　　）に入れるのに最もよいものを、1・2・3・4から一つ選びなさい。

1 イベント会場は、込んでいる（　　　）、がらがらだった。

　　1　ところへ　　　　2．どころか　　　　3　ところ　　　　4　ところで

2 試しにケーキを作ってみた（　　　）、何とか完成したが、まずかった。

　　1　どころか　　　　2　ところへ　　　　3　ところで　　　　4　ところ

3 母が突然倒れてしまったので、仕事（　　　）なかった。

　　1　どころでは　　　2　どころか　　　　3　ところに　　　　4　ところだ

4 息子は今、塾で勉強している（　　　）から、家にいません。

　　1　ところを　　　　2　ところだ　　　　3　ところで　　　　4　ところに

5 彼は彼女に夢中なので、止めた（　　　）、聞かないだろう。

　　1　ところで　　　　2　ところ　　　　　3　どころか　　　　4　ところへ

6 やっと一つ解決したと思った（　　　）、また別の問題が起きた。

　　1　ところが　　　　2　ところも　　　　3　ところに　　　　4　ところを

Ⅲ 組み立て問題

次の文の＿★＿に入る最もよいものを、1・2・3・4から一つ選びなさい。

1 上司「Ａ社の担当者は、まだ来ないのか。」
部下「部長、10分前に、＿＿＿＿ ＿＿＿＿ ＿★＿＿ ＿＿＿＿ ありました。」

1 ところです　　　2 こちらに　　　3 と連絡が　　　4 向かっている

2 旅行先で、観光に ＿＿＿＿ ＿＿＿＿ ＿★＿＿ ＿＿＿＿ 降ってきて、悲しい気持ちになった。

1 ところへ　　　2 出かけようと　　3 大雨が　　　4 思っていた

3 ホテルのフロントに ＿＿＿＿ ＿＿＿＿ ＿★＿＿ ＿＿＿＿ 届いていないとのことだった。

1 なかったかを　　2 ところ　　　3 忘れ物が　　　4 尋_{たず}ねた

4 雷_{かみなり}が ＿＿＿＿ ＿＿＿＿ ＿★＿＿ ＿＿＿＿ なくなってしまった。

1 海水浴を　　　2 鳴ったので　　3 どころでは　　4 楽しむ

5 前もって ＿＿＿＿ ＿＿＿＿ ＿★＿＿ ＿＿＿＿ 十分にある。

1 ところで　　　2 無駄_{むだ}になる　　3 可能性も　　　4 準備した

6 今大会は ＿＿＿＿ ＿＿＿＿ ＿★＿＿ ＿＿＿＿ してしまった。

1 優勝する　　　2 敗退_{はいたい}　　　3 初戦で_{しょせん}　　　4 どころか

121

Ⅳ 文章問題

次の文章を読んで、文章全体の内容を考えて、 1 から 6 の中に入る最もよいものを、1・2・3・4から一つ選びなさい。

多くの国では、ものを食べるときに音を立てることは、マナー違反である。レストランなどで食事を 1 、音をたてて食べる人がいると、不快だという人がほとんどだ。

そのため、日本に来た外国人観光客は、日本人がラーメンやそばを食べるときに、大きな音を立てて「すする」ことに、非常に驚くそうだ。「すする」習慣を知らずに、ラーメン屋に入った観光客が、店内でめんをすする音を聞き、 2 、と怒ってしまうこともあったという。

ところが、日本のラーメンが、海外でも人気が出て、世界各地にお店ができたことで、状況は少し変化しているようだ。「小さな音をたてるどころか、 3 という行為は、受け入れられない」という考えから、「めんをすするのは、ラーメンを食べるときのマナーだ」と考えるようになった人も 4 。日本人の「すする」という習慣が以前より知られるようになり、はじめて 5 、いつもよりよい香りがした、とSNSに投稿している人もいる。

食べ方を変えたところで 6 、という意見もあるかもしれないが、熱いラーメンのめんをすすることで冷まして早く食べられるようにする、といった理由もある。時と場所を選べば、「すする」ということも単なるマナー違反でなくなる日も来るかもしれない。

第13日

1

1　楽しむどころか　　　　　　　　2　楽しんでいるかぎり

3　楽しんでいるところに　　　　　4　楽しんでいたかと思うと

2

1　食事をしかねない　　　　　　　2　食事をせざるをえない

3　食事をせずにはいられない　　　4　食事どころではない

3

1　わざと音をたてて食べる　　　　2　音を出さないで食べる

3　大きな音を出さないように食べる　4　音をたてるたびに食べる

4

1　出てくるかぎりだ　　　　　　　2　出てくる最中だ

3　出てくるためだ　　　　　　　　4　出てきたところだ

5

1　そばをすすって食べないかぎり　2　そばをすすって食べたところ

3　そばをすすって食べたところで　4　そばをすすって食べたせいで

6

1　味は変わるらしい　　　　　　　2　味は変わる一方だ

3　味は変わらないとはかぎらない　4　味に変わりはない

第14日

79 〜ばかりか／〜ばかりでなく

接続　普通形

意味　〜だけでなく

例　❶ 趙さんは、日本語ばかりか英語も話せるので、頼もしい。

❷ このアニメは、おもしろいばかりでなく、感動的だ。

80 〜ばかりだ

接続　動詞・辞書形

意味　どんどん〜ていく

例　外出ができない状況なので、体重が増えるばかりだ。

81 〜ばかり／〜ばかりだ

接続　❶ 動詞・て形｜名詞

❷ 動詞・た形

意味　❶ 〜だけ

❷ ちょうど〜した

例　❶ ゲームばかりしていると、目が悪くなってしまうよ。

❷ 生まれたばかりの赤ちゃんは、いいにおいがする。

82 〜ばかりに

接続　動詞・た形｜い形容詞

意味　〜せいで

例　ロミオとジュリエットは、家同士の関係が悪いばかりに、悲しい結末をむかえた。

83 ～はずだった／～はずではなかった

接続　～はずだった＝動詞・辞書形、動詞・ない形

　　　～はずではなかった＝動詞・辞書形、動詞・ない形｜名詞

意味　～はずだった＝～と考えていた

　　　～はずではなかった＝～という予定ではなかった

例　　雪が降らなかったら、試験は予定通り行われるはずだった。

　　　自分の気持ちを伝えたかっただけで、こんなけんかをするはずではなかった。

84 ～はずがない

接続　普通形　な形容詞＋な｜名詞＋の

意味　～とは考えられない

例　　昨日ルーシーさんから欠席の連絡があったので、今日は来るはずがない。

第14日

> **～ばかり②**
> 「～ばかり」と「～たところ」は意味は同じですが、使用場面が少し異なります。
> 「～たばかり」は、長い期間に使えます。

Point!

Ⅰ 基礎問題

次の文の（　　　）に入れるのに最もよいものを、1・2・3・4から一つ選びなさい。

1 父は体調が悪いと言っているのに、お酒を（　　　）ばかりか、たばこも吸っている。

　　1　飲んで　　　　　2　飲み　　　　　3　飲め　　　　　4　飲む

2 久しぶりに会った伯母は、プレゼントばかり（　　　）なく、お金までくれた。

　　1　も　　　　　　　2　の　　　　　　　3　で　　　　　　4　に

3 世界が混乱しているので、物価が（　　　）ばかりだ。

　　1　上昇した　　　　2　上昇する　　　　3　上昇しよう　　　4　上昇し

4 家族が増えると、出費も増えるので、お金が（　　　）ばかりだ。

　　1　消えていく　　　2　消えていけ　　　3　消えていか　　　4　消えていった

5 忙しい時期は、休日も出張や書類の整理で、（　　　）ばかりだ。

　　1　仕事した　　　　2　仕事し　　　　　3　仕事して　　　　4　仕事しろ

6 すみません、今、駅に（　　　）ばかりなので、もう少しかかります。

　　1　着いた　　　　　2　着こう　　　　　3　着く　　　　　　4　着いて

7 高価なお祝いを（　　　）ばかりに、何か返礼しなければならない。

　　1　もらい　　　　　2　もらう　　　　　3　もらおう　　　　4　もらった

8 軽い気持ちで引き受けてしまったばかり（　　　　）、大変な目にあった。

　1　も　　　　　　　2　で　　　　　　　3　を　　　　　　　4　に

9 今週はボランティアに（　　　　）はずだったが、急に友人の代わりに行くことに
なった。

　1　参加しない　　　2　参加し　　　　　3　参加して　　　　4　参加しろ

10 飛行機は2時間も遅れて空港に着いた。こんなに時間が（　　　　）はずでは
なかったのに。

　1　かかった　　　　2　かかれ　　　　　3　かかり　　　　　4　かかる

11 対戦の前はいつも、私が（　　　　）はずがない、と心の中で強く思っている。

　1　勝てる　　　　　2　勝てた　　　　　3　勝てない　　　　4　勝て

12 僕たちのチームが負けるはず（　　　　）ないんだ。

　1　も　　　　　　　2　に　　　　　　　3　の　　　　　　　4　が

Ⅱ 応用問題

次の文の（　　　）に入れるのに最もよいものを、1・2・3・4から一つ選びなさい。

1 課長に「できる」と言ってしまった（　　　　）、多くの仕事を引き受けることになった。

  1　ばかりで　　　　　2　ばかり　　　　　3　ばかりに　　　　4　ばかりでなく

2 コンサートが終わった（　　　　）、タクシー乗り場はとても込んでいた。

  1　ばかりへ　　　　　2　ばかりで　　　　　3　ばかりか　　　　4　ばかりに

3 けがさえしなかったら、今ごろ旅館で温泉に入っている（　　　　）のに。

  1　ばかりではない　　　　　　　　2　ばかりな
  3　はずがない　　　　　　　　　　4　はずだった

4 地球の気温は上がる（　　　　）、そのために気候変動が起きている。

  1　はずで　　　　　　　　　　　　2　はずだったので
  3　ばかりで　　　　　　　　　　　4　はずがなく

5 誠実な大川さんが、仕事で手を抜く（　　　　）ですよ。

  1　はず　　　　　2　はずがない　　　　　3　はずだったん　　　4　ばかり

6 親切なおばあさんは、道を教えてくれる（　　　　）、近くまで案内してくれた。

  1　ばかりか　　　　2　はずで　　　　　3　ばかりに　　　　4　ばかりで

次の文の___★___に入る最もよいものを、1・2・3・4から一つ選びなさい。

1 学生は ＿＿＿＿ ＿＿＿＿ ＿★＿ ＿＿＿＿ 持って来なかった。

1 忘れた 　　　 2 筆記用具も 　　 3 教科書を 　　　 4 ばかりでなく

2 最新の ＿＿＿＿ ＿＿＿＿ ＿★＿ ＿＿＿＿ はずがない。

1 から 　　　　 2 見失う 　　　 3 対象を 　　　 4 GPS機能だ

3 余計なことを ＿＿＿＿ ＿＿＿＿ ＿★＿ ＿＿＿＿ なってしまった。

1 ばかりに 　　 2 話が 　　　　 3 ややこしく 　 4 言った

4 締め切りまで余裕が ＿＿＿＿ ＿＿＿＿ ＿★＿ ＿＿＿＿ 後で苦しむよ。

1 ばかり 　　　　　　　　　　 2 あるといっても
3 いると 　　　　　　　　　　 4 休んで

5 オンラインゲームに ＿＿＿＿ ＿＿＿＿ ＿★＿ ＿＿＿＿ なかった。

1 するほど 　　 2 課金を 　　　 3 はずでは 　　 4 夢中になる

6 このあたりの古い商店は ＿＿＿＿ ＿＿＿＿ ＿★＿ ＿＿＿＿ ばかりだ。

1 跡継ぎが 　　 2 閉店 　　　　 3 していく 　　 4 いないので

Ⅳ 文章問題

次の文章を読んで、文章全体の内容を考えて、[1]から[6]の中に入る最もよいものを、1・2・3・4から一つ選びなさい。

日本では、毎年、生まれる子どもの数が[1]。このことを「少子化」といいます。このままでは、将来、人口が減って働く人がとても少なくなるなど、さまざまな問題が起きると言われています。

子どもの数を増やすため、対策をしていますが、[2]、うまくいっていないものもあります。

「少子化」にはいろいろな原因がありますが、日本では、両親が二人で育児をするための支援が[3]、母親が中心となって育児をすることが多く、女性の負担が大きいため、女性が子どもを産むことに積極的でない、という事情があります。また、父親が育児に参加しようとしても、「父親が子どものために[4]」という考えの人もまだいます。

たとえば、アイスランドでは、[5]子どもの世話をするために、約85％の父親が「育児休暇」をとります。父親が仕事を休んで育児をするのは、父親の権利だ、と考えられているのです。日本では、約13％の父親しか、「育児休暇」をとっていません。

日本でも、「育児休暇」をとりやすくするため、法律が改正されました。それでも、将来、[6]と後悔することがないように、もっと社会全体を変えていく必要があるかもしれません。

1

1　減ってもかまわないのです　　　2　減っていくばかりです

3　減ることになっています　　　　4　減っていくはずだったのです

2

1　現実に合っていないばかりに　　2　現実に合ってるはずで

3　現実に合っていないくせに　　　4　現実に合ってさえいれば

3

1　十分でないつもりで　　　　　　2　十分でないことはなく

3　十分でないはずがなく　　　　　4　十分でないばかりか

4

1　仕事を休むはずがない　　　　　2　会社を休むはずだった

3　仕事をしたがらない　　　　　　4　会社に来ることになっていた

5

1　生まれたとおりの　　　　　　　2　生まれたばかりの

3　生まれたままの　　　　　　　　4　生まれたところ

6

1　「こんなはずだった」　　　　　2　「そんなことはない」

3　「こんなはずではなかった」　　4　「そんなつもりだった」

第15日

85 〜ながら

接続　❶ 動詞・ます形

　　　❷ 動詞・ます形 ｜ い形容詞 ｜ な形容詞 ｜ 名詞

　　　❸ 動詞・ます形 ｜ 名詞

意味　❶ 〜と一緒に、〜と同時に

　　　❷ 〜けれど

　　　❸ 〜のとおり、〜まま

例　　❶ 自分の好きな動画を見ながら、ごはんを食べる時間が好きだ。
　　　❷ 残念ながら、今はまだ教えられません。
　　　❸ この町には、昔ながらの風景が残っている。

86 〜つつ

接続　❶ 動詞・ます形

　　　❷ 動詞・ます形

意味　❶ 〜と一緒に、〜と同時に

　　　❷ 〜けれど

例　　❶ けがの痛みに耐えつつ、何とか病院までたどり着いた。
　　　❷ 彼に悪いことをしたなと思いつつ、きちんと謝れない。

87 〜つつある

接続　動詞・ます形

意味　だんだん〜ている

例　　世界の人口は、増えつつあります。

88 ～べきだ／～べきではない

接続　動詞・辞書形｜い形容詞 + くある｜な形容詞 + である

　　　＊「する」は「するべき／すべき」どちらも可。

意味　～ほうがいい／～ないほうがいい

例　　熱があるときは、ゆっくり家で休むべきだ。

　　　風邪をひいたときは、無理をするべきではない。

89 ～べきだった／～べきではなかった

接続　動詞・辞書形　＊「する」は「するべきだった／すべきだった」どちらも可。

意味　～したほうがよかった／～しなければよかった

例　　もう少し早く、この問題に対処しておくべきだった。

　　　あのとき、彼女に対してあんなに怒るべきではなかった。

90 ～まい

接続　❶ 動詞・辞書形

　　　❷ 動詞・辞書形｜い形容詞 + くある｜な形容詞 + ではある｜名詞 + ではある

　　　＊「する」は「するまい／すまい」、「くる」は「くるまい／こまい」どちらも可。かたい表現。

意味　❶ 絶対に～しない

　　　❷ ～ないだろう

例　　❶ こんなサービスの悪い店、気分が悪くなるだけだから、二度と行くまい。

　　　❷ この映画は批判的なレビューが多いので、おもしろくあるまい。

第15日

～ながら、～つつ①

意味は同じですが、使用場面が少し異なります。

「～ながら」は、期間が短くても、長くても使えますが、

「～つつ」は、期間が長い場面でしか使えないので、

接続できる動詞（例：考える、予想する、思うなど）が限られています。

～べきだ／～べきではない

「～べきだ／～べきではない」は、自分が一番いい方法だと思ったことに
使います。ルールや規則には使いません。

Point!

次の文の（　　　）に入れるのに最もよいものを、1・2・3・4から一つ選びなさい。

1 浴衣(ゆかた)を着た人がうちわを（　　　）ながら、花火を眺(なが)める姿(すがた)は風流だ。

  1　あおぐ　　　　　2　あおいだ　　　　3　あおぎ　　　　4　あおげ

2 わが子には、生まれながら（　　　）才能があり、将来を期待されている。

  1　で　　　　　　　2　と　　　　　　　3　の　　　　　　4　も

3 就活前(しゅうかつまえ)なので、将来のことを（　　　）つつ、遊ぶときには遊んでいる。

  1　考えて　　　　　2　考え　　　　　　3　考えよう　　　4　考えろ

4 そろそろ帰国をするので、残された日本での時間を（　　　）つつ、帰国の準備も
している。

  1　楽しむ　　　　　2　楽しま　　　　　3　楽しみ　　　　4　楽し

5 大雨で、川の水が（　　　）つつあるので、近くに住む人は避難(ひなん)しなければならない。

  1　増え　　　　　　2　増える　　　　　3　増えた　　　　4　増えよう

6 そろそろ太陽が（　　　）つつあるから、ここで工事を中止しよう。

  1　沈め　　　　　　2　沈んだ　　　　　3　沈み　　　　　4　沈む

7 「女性はおしとやかで（　　　　）べきだ」などという考えはもう古い。

1　美しい　　　　　2　美し　　　　　3　美しく　　　　　4　美しくある

8 体調が悪いとき、自分で勝手に判断して、薬を（　　　　）べきではない。

1　飲ま　　　　　2　飲む　　　　　3　飲め　　　　　4　飲もう

9 こんなに心細い思いをするくらいなら、迷う前に、（　　　　）べきだった。

1　引き返して　　　2　引き返した　　　3　引き返す　　　4　引き返し

10 せっかくのチャンスだったのだから、（　　　　）べきではなかった。

1　断る　　　　　2　断り　　　　　3　断った　　　　　4　断ら

11 作成させた資料がミスだらけだったので、もうあの人には（　　　　）まい。

1　頼んだ　　　　2　頼ま　　　　　3　頼み　　　　　4　頼む

12 孫が入院したと聞いたが、電話で元気な声で話していたから、重い（　　　　）まい。

1　病気ではある　　2　病気の　　　　3　病気だ　　　　4　病気

135

次の文の（　　　）に入れるのに最もよいものを、1・2・3・4から一つ選びなさい。

[1] 青春時代は今しかないから、1日1日を大切に生きる（　　　）。

  1　べきだ　　　　　　　　　　　　2　まい

  3　つつある　　　　　　　　　　　4　べきではなかった

[2] 3年前から始まった複合施設の建設が、そろそろ完成し（　　　）。

  1　べきだった　　　2　つつある　　　3　まい　　　　4　べきだ

[3] 現代は、自由であり（　　　）、窮屈さを感じるときもある。

  1　まい　　　　　2　べきで　　　　　3　べきだったが　　4　ながら

[4] ポスターをはる位置が今までと少し違っても、誰も変だとは感じる（　　　）。

  1　べきだ　　　　2　べきだった　　　3　まい　　　　4　つつある

[5] 頭のなかにイメージは浮かび（　　　）、言葉ではうまく表現できない。

  1　つつあるが　　2　べきで　　　　3　ばかりか　　　4　べきではなく

[6] 病気が進行して苦しい思いをし、「あのとき病院で検査を受ける（　　　）」と後悔
した。

  1　まい　　　　　2　べきではない　　3　つつある　　　4　べきだった

Ⅲ 組み立て問題

次の文の___★___に入る最もよいものを、1・2・3・4から一つ選びなさい。

1 ゴールはまだ ___ ___ _★_ ___ ではない。

  1 今から全力で   2 先なのだから   3 走る   4 べき

2 もう二度と私 ___ ___ _★_ ___ 心に誓った。

  1 彼に連絡を   2 まいと   3 からは   4 とる

3 明日の発表会が ___ ___ _★_ ___ 今日は早く寝よう。

  1 願い   2 うまくいく   3 つつ   4 ことを

4 あの ___ ___ _★_ ___ なかった。

  1 選手を   2 べきでは   3 タイミングで   4 交代する

5 長く連載されているこのマンガも、主人公が ___ ___ _★_ ___ つつある。

  1 倒したので   2 クライマックスを
  3 迎え   4 ボスを

6 子どものころよく食べた ___ ___ _★_ ___ おかわりした。

  1 味に   2 ながらの   3 感激して   4 昔

第15日

Ⅳ 文章問題

次の文章を読んで、文章全体の内容を考えて、　1　から　6　の中に入る最もよい
ものを、1・2・3・4から一つ選びなさい。

　スマートフォンやクレジットカードを使って、買い物の代金を支払うことを
「キャッシュレス決済」と言います。現金がなくても、すぐに支払いをすることが
できます。

　日本でも、キャッシュレス決済が　1　、まだ普及率は低く、現金払いしか
できないところも多いです。また、キャッシュレス決済だとあとから代金を支払う
こともできるので、たくさん買い物をしてしまい、「もうカードは　2　」という
人や、「小額の買い物をするときには、クレジットカードを使う　3　」と考え、
現金で支払う人もいるようです。

　反対に、世界にはキャッシュレス化が進んでいる国が多く、そういった国では、
人々は　4　、現金をほとんど使わず、クレジットカードなどで支払いをします。
たとえば、韓国でのキャッシュレス化の普及率は96％以上、中国では77％以上で
す（2022年現在）。日本にやってきた外国人観光客のなかには、支払いにクレジッ
トカードが使えず「現金を　5　」と驚く人も多いようです。

　日本でもキャッシュレスを　6　、という方針があり、だんだん対応するお店
が増えてきています。これから大きく状況が変わるかもしれません。

1　広まりっぱなしですが　　　　2　広まるべきですから

3　広まるまいとし　　　　　　　4　広まりつつありますが

1　使うまい　　　　2　使うばかりだ　　　3　使うべきだ　　　4　使うわけだ

1　べきではない　　　2　べきだった　　　3　まい　　　　　4　つつある

1　当然次第　　　　2　当然しつつ　　　3　当然ながら　　　4　当然にしては

1　用意するまい　　　　　　　　2　用意すべきだった

3　用意しつつある　　　　　　　4　用意するべきではなかった

第15日

1　進めるべきだ　　　　　　　　2　進めるべきだった

3　進めるべきではない　　　　　4　進めるべきではなかった

作　文 ③

第11日〜第15日

　　＿＿＿＿に言葉を入れて、文を完成させなさい。

第11日

1 ＿＿＿＿＿＿＿＿＿＿は、＿＿＿＿＿＿＿＿＿＿＿＿＿＿おそれがある。

2 日本は、とても＿＿＿＿＿＿＿＿＿で＿＿＿＿＿＿＿＿＿がたいですね。

3 （会議で）

　部　　長：○○さんは、どう考えますか。

　あなた：私としましては、＿＿＿＿＿＿から、＿＿＿＿＿＿＿かねます。

第12日

1 ＿＿＿＿＿＿＿＿＿は、＿＿＿＿＿＿＿＿＿＿＿＿＿にかぎる。

2 ＿＿＿＿＿＿＿＿＿＿＿ても、＿＿＿＿＿＿＿＿とはかぎらない。

3 （料理教室で）

　講　　師：次は、＿＿＿＿＿＿＿うちに、＿＿＿＿＿＿＿＿ください。

　受講生：わかりました。

第13日

☐1 今さら＿＿＿＿＿＿＿＿＿＿＿＿たところで、＿＿＿＿＿＿＿＿＿＿＿＿＿＿＿。

☐2 最近＿＿＿＿＿＿＿＿＿＿で、＿＿＿＿＿＿＿＿＿＿＿＿どころではなかった。

☐3 先　生：どうして日本語が上手になりましたか。

　　あなた：＿＿＿＿＿＿＿＿＿＿＿＿＿たところ、＿＿＿＿＿＿＿＿＿＿＿＿＿。

第14日

☐1 私が＿＿＿＿＿＿＿＿＿＿ばかりに、＿＿＿＿＿＿＿＿＿＿＿てしまったんです。

☐2 ＿＿＿＿＿＿＿＿＿＿ばかりか＿＿＿＿＿＿＿＿＿＿で、とても困っています。

☐3 警　察：どうしましたか。

　　あなた：すみません、＿＿＿＿＿＿＿＿＿＿＿＿＿＿＿＿＿＿＿ばかりなのですが、
　　　　　　どうしたらいいですか。

第15日

☐1 ＿＿＿＿＿＿＿＿＿＿＿＿＿は、＿＿＿＿＿＿＿＿＿＿＿＿＿＿つつある。

☐2 私は、＿＿＿＿＿＿＿＿＿＿＿＿＿＿＿＿＿＿＿＿＿＿＿＿＿まいと決めている。

☐3 友　達：最近、忙しそうだね。

　　あなた：こんなことになるなら、＿＿＿＿＿＿＿＿＿＿　べきではなかったよ。

まとめ問題 ③
第11日〜第15日

▌ 次の文の（　　）に入れるのに最もよいものを、1・2・3・4から一つ選びなさい。

1 みんなで、（　　　　　）事態を挙げてみよう。

　1　予想しつつ　　　　　　　　　　2　予想しうる
　3　予想しかねない　　　　　　　　4　予想しっこない

2 彼を助けてもお礼も言われないから、もう（　　　　　）と思っていたが、結局手伝ってしまった。

　1　手伝うばかりだ　　　　　　　　2　手伝うべきだ
　3　手伝うところだ　　　　　　　　4　手伝うまい

3 申し訳ないけれど、急いでいて、今はあなたのぐちを（　　　　　）。

　1　聞くどころではない　　　　　　2　聞いているはずがない
　3　聞きかねない　　　　　　　　　4　聞くべきだった

4 その件に関しては、私からは（　　　　　）。後ほど担当者が折り返しご連絡を差し上げます。

　1　お答えすることにします　　　　2　お答えしかねます
　3　答えてもらいます　　　　　　　4　お答えせざるをえません

5 規則正しく生活しているのだから、（　　　　　）。

　1　健康とはかぎらない　　　　　　2　健康であるべきではない
　3　健康でないはずがない　　　　　4　健康どころではない

6 わずかな可能性でもチャンスが（　　　　　）、何度でも挑戦します。

1　ありつつ　　　　　　　　　　2　あるかぎり

3　あったところで　　　　　　　4　あるばかりで

7 いくら楽しいからといって、あんなにお酒を（　　　　　）。

1　飲むはずだった　　　　　　　2　飲んだところだ

3　飲んだばかりだ　　　　　　　4　飲むべきではなかった

8 （居間で）

親　「いつまでも歌手になりたいなんて、（　　　　　）言っていないで、現実を見てよ。」

息子「まだどうなるか、わからないだろう！」

1　夢どころか　　　　2　夢ばかり　　　　3　夢ながら　　　　4　夢かぎり

9 （レストランで）

申し訳ございません、ちょうどご注文を受け付ける時間が（　　　　　）。

1　終わったところです　　　　　2　終わりがたいです

3　終わるべきです　　　　　　　4　終わったはずです

10 （教室で）

ナタリー「こんなに毎日暑いと、大変だよね。」

竹　　山「確かに。ただ楽しみもあるよ。暑い日は、シャワーを浴びて、涼しい部屋で
　　　　　アイスクリームを（　　　　　）よ。」

1　食べるにかぎる　　　　　　　2　食べうる

3　食べているところだ　　　　　4　食べるはずだった

11 いろいろ経験して、わが子も大人に（　　　　　）。

1　なりかねる　　　　2　なりつつある　　　　3　なりづらい　　　　4　なりえない

12 俳優をしている親友が、ドラマに出演するらしい。でも一瞬しかテレビに映らない
から、（　　　　）。

1　見逃したらいい　　　　　　　　2　見逃すとはかぎらない
3　見逃しがたい　　　　　　　　　4　見逃しかねない

13 ここは山奥なので、（　　　　）水道さえない。

1　電気のうちに　　2　電気ばかりに　　3　電気どころか　　4　電気ながら

14 いくら有名人だといっても、すべての人に（　　　　）。

1　知るはずではなかった　　　　　2　知られているとはかぎらない
3　知るわけだ　　　　　　　　　　4　知るにかぎる

15 この計画には無理があり、うまくいかないと（　　　　）のに。

1　わかるはずはなかった　　　　　2　わかっていたようだった
3　わかるとはかぎらない　　　　　4　わかっていたはずだった

16 （公園で）
　　女の子「鬼にわからないようにしなきゃ。」
　　男の子「ここに隠れていれば、（　　　　）よね。」

1　見つかるはずがない　　　　　　2　見つかりがたい
3　見つかりつつある　　　　　　　4　見つかるところだ

17 環境破壊が続くと、動物や虫が（　　　　）。

1　消えていくかぎりだ　　　　　　2　消えていくべきだ
3　消えていくばかりだ　　　　　　4　消えていくまい

18 修理してもすぐに壊れるので、よく（　　　　　）、原因がわかった。

1　調べてみながら　　　　　　　　2　調べてみたところ

3　調べてみていたうちに　　　　　4　調べてみたばかりで

19 まだやらなければならない作業がたくさんあるので、今日中に（　　　　　）、進めたい。

1　進めたところへ　　　　　　　　2　進めるばかり

3　進めるはずで　　　　　　　　　4　進められるかぎり

20 彼女はぼんやりと窓の外を（　　　　　）、次の作品の構想を考えていた。

1　眺めづらく　　　　2　眺めるかぎり　　　　3　眺めつつ　　　　4　眺めるうちに

‖ 次の文の＿★＿に入る最もよいものを、1・2・3・4から一つ選びなさい。

1 そのお店は、検索して口コミを見る ＿＿＿ ＿＿＿ ＿★＿ ＿＿＿。実際に行ってみると、がっかりすることもある。

1　本当においしい　　　　　　　　2　おいしいようだが

3　かぎり　　　　　　　　　　　　4　とはかぎらない

2 私にとって、子どものころ初めて、家族で乗った飛行機は、＿＿＿ ＿＿＿ ＿★＿ ＿＿＿ むしろ忘れたい思い出だそうだ。

1　忘れがたい　　　　2　忘れるどころか　　　3　姉にとっては　　　4　思い出だが

3 何も知らない素人なのに、お金を増やそうと、あせって ＿＿＿ ＿＿＿ ＿★＿ ＿＿＿ 借金までしてしまった。

1　株を買った　　　　　　　　　　2　貯金がなくなった

3　ばかりに　　　　　　　　　　　4　ばかりか

第16日

91 〜までだ／〜までのことだ

接続　動詞・辞書形｜名詞（「これ」、「それ」のみ）

意味　〜するだけだ

例　東京で就職できなかったら、故郷に帰るまでだ。

　　これ以上、妻と言い争いになるなら、離婚するまでのことだ。

92 〜までもない／〜までもなく

接続　動詞・辞書形

意味　〜する必要はない

例　あなたの家は、駅から目と鼻の先だから、車で迎えに来てもらうまでもないですよ。

　　言うまでもなく、留学にはビザが必要です。

93 〜わけがない

接続　普通形（な形容詞＋な¦である）

　　＊「名詞＋の」にも接続し、「名詞＋だ」は接続しない。

意味　〜という可能性はない

例　どんなに状況が悪くても、彼女があきらめるわけがない。

94 〜わけだから

接続　普通形（な形容詞＋な¦である）

　　＊「名詞＋の」にも接続し、「名詞＋だ」は接続しない。

意味　〜から（理由や説明を伝える）

例　あの子なりに必死にやっているわけだから、見守るしかないのではないか。

95 ～わけではない／～わけでもない

接続　普通形　（**な形容詞** ＋ な¦である）

　　　＊「**名詞**＋の」にも接続し、「**名詞**＋だ」は接続しない。

意味　特に～という理由ではない、必ず～ではない

例　　涙が出ないからといって、感動していないわけではない。

96 ～わけにはいかない／～わけにもいかない

接続　❶ **動詞**・辞書形

　　　❷ **動詞**・ない形

意味　❶ ～できない

　　　❷ ～なければならない

例　　❶ 明日はプレゼンテーションをするので、体調が悪くても休むわけにはいかない。

　　　❷ 久しぶりに実家に帰ったこともあり、親が一生懸命作ってくれたご飯を食べないわけにもいかない。

> **わけとはず**
> 「わけ」と「はず」は、使用法がよく似ていますが、
> 「わけ」のほうが、客観的で、明確な根拠があるときに使い、
> 「はず」のほうが主観的で、結果は不確かです。

Point!

Ⅰ 基礎問題

次の文の（　　　）に入れるのに最もよいものを、1・2・3・4から一つ選びなさい。

1 字が上手く書けないなら、（　　　）までのことだ。

  1　練習し   2　練習する   3　練習しない   4　練習した

2 取引先が倒産してしまったので、わが社も、もはや（　　　）までだ。

  1　この   2　こんな   3　これら   4　これ

3 このくらいの仕事量なら、部下に手伝いを（　　　）までもない。

  1　依頼し   2　依頼した   3　依頼する   4　依頼して

4 この資料は、じっくり（　　　）までもなく、データが古いので使えない。

  1　見る   2　見よう   3　見ろ   4　見た

5 いいかげんなあの人の言うことを、（　　　）わけがない。

  1　信じ   2　信じられる   3　信じて   4　信じよう

6 あんなにしかられて、落ち込まないわけ（　　　）ない。

  1　も   2　に   3　で   4　が

7 今が絶好の（　　　）わけだから、どんどん攻めていこう。

  1　チャンスだ   2　チャンスの   3　チャンスに   4　チャンスと

8 仕入れ先の値段が（　　　　　）わけだから、当店の価格も見直したほうがいいのだろうか。

1　高く　　　　　　2　高さ　　　　　　3　高い　　　　　　4　高み

9 今は予定がないが、いつも（　　　　　）わけではない。

1　ひまだ　　　　　2　ひまで　　　　　3　ひまな　　　　　4　ひま

10 下手かもしれないが、故郷(こきょう)の料理が作れないわけ（　　　　　）ない。

1　では　　　　　　2　にも　　　　　　3　しか　　　　　　4　ほど

11 子どもが熱を出してしまったので、（　　　　　）わけにはいかない。

1　出かけよう　　　2　出かける　　　　3　出かけて　　　　4　出かけた

12 今日は営業で忙しいが、午後は大事な会議なので、遅れるわけ（　　　　　）いかない。

1　では　　　　　　2　には　　　　　　3　しか　　　　　　4　ほど

第16日

次の文の（　　　）に入れるのに最もよいものを、1・2・3・4から一つ選びなさい。

1 本件は、救急隊に出動要請をする（　　　　　）、解決した。
きゅうきゅうたい　しゅつどうようせい

　　1　わけもなく　　　　2　までもなく　　　3　わけだから　　　4　わけにもいかず

2 彼は、まだ仕事に慣れていない（　　　　　）、もう少し長い目で見ましょう。

　　1　わけですから　　2　わけではなく　　3　わけがなく　　　4　までもなく

3 秘書「創立記念パーティーの招待状は、何通必要ですか。」
そうりつ
　　部長「まず、A社とB社の社長を招待しない（　　　　　）し……一度整理してみるよ。」

　　1　わけではない　　　　　　　　　　2　わけにはいかない
　　3　までだ　　　　　　　　　　　　　4　までもない

4 評判のいい作品でも、みんながみんな、おもしろいと思う（　　　　　）。
ひょうばん

　　1　わけにもいかない　　　　　　　　2　までだ
　　3　わけではない　　　　　　　　　　4　までも

5 雑用でも、誰かがしなければならないのだから、私がやる（　　　　　）。
ざつよう

　　1　までだ　　　　　　　　　　　　　2　わけがない
　　3　わけにもいかない　　　　　　　　4　までもない

6 こんなにひどいことをされて、彼女が黙っている（　　　　　）。
だま

　　1　わけではない　　　　　　　　　　2　わけがない
　　3　わけにはいかない　　　　　　　　4　までだ

Ⅲ 組み立て問題

次の文の ___★___ に入る最もよいものを、1・2・3・4から一つ選びなさい。

1 今日は _____ _____ ___★___ _____ にはいきません。

1 来ているから　　2 車で　　　　　3 お酒を　　　　　4 飲むわけ

2 前回 _____ _____ ___★___ _____ 変えましょう。

1 この方法で　　　　　　　　　2 わけですから
3 上手くいかなかった　　　　　4 やり方を

3 他の人に _____ _____ ___★___ _____ ない、と信じている。

1 私に　　　　　2 わけが　　　　　3 できない　　　　　4 できて

4 その場の _____ _____ ___★___ _____ わけではない。

1 声をあげなかった　　　　　　2 意見がない
3 だけで　　　　　　　　　　　4 空気を読んで

5 こんな単純な _____ _____ ___★___ _____ までもない。

1 作業を　　　　　2 手伝って　　　　　3 もらう　　　　　4 あなたに

6 この病院で _____ _____ ___★___ _____ のことだ。

1 なら　　　　　　　　　　　　2 まで
3 手術ができない　　　　　　　4 転院する

Ⅳ 文章問題

次の文章を読んで、文章全体の内容を考えて、 1 から 6 の中に入る最もよいものを、1・2・3・4から一つ選びなさい。

　「爆買い」という言葉は、日本に来た外国人観光客が、大量に買い物をすることを指す。 1 、爆買いは日本の経済にとって、大きな助けとなる。

　外国人観光客は、日本の製品を信頼して、たくさん購入している 2 、店舗も買い物がしやすいように、通訳ができる店員を雇うなどの対応をしてきた。

　しかし、外国人観光客は、買い物だけを楽しみに、日本に 3 。近年は、買い物よりも「コト消費」が重要になっている。

　「コト消費」とは、文化を知るためのツアーに参加したり、何かを買う場合、それを作っている人の話を聞いたりするなど、「体験」や「経験」にお金を使うことだ。世界的に見ると、「コト消費」にお金を使う旅行者はとても多いそうだ。

　買い物は、買ってしまえば 4 、「コト消費」はその国の文化を学べる、思い出が残る、写真などをSNSにアップできる、といった楽しみが続く点が人気だそうだ。さまざまな旅行会社や地方自治体が、この傾向を 5 、「コト消費」に力を入れはじめている。

　これからは、日本で買い物だけをしてもらえばいい、という 6 。もっと日本を楽しんでもらえるよう、いろいろと考えなければならないだろう。

1

1 言うまでもなく   2 言うはずはなく

3 言うわけもなく   4 言うわけではなく

2

1 わけにもいかず   2 わけだから

3 までで   4 までもなく

3

1 来ているわけだ   2 来るわけにはいかない

3 来ているわけではない   4 来るわけがない

4

1 その一方で   2 そのわけもなかったら

3 それまでにしても   4 それまでのことだが

5

1 見逃したところ   2 見逃すかわりに

3 見逃すわけがなく   4 見逃すまでもなく

第**16**日

6

1 ようになる   2 までだ

3 ことだ   4 わけにはいかない

第17日

97 〜ことから

接続　普通形 （ **な形容詞** 、 **な形容詞** ＋である ¦ だった ¦ **名詞** ＋である ¦ だった）
意味　〜が理由で
例　　板で作った橋が川にかかっていたことから、「板橋」という地名がつけられた。

98 〜ことだろう／〜ことか

接続　普通形

意味　とても〜だ

例　　みんなから祝福されるなんて、なんて幸せなことだろう。
　　　こんなに手がぼろぼろになるなんて、どれだけ苦労してきたことか。

99 〜ことで／〜ことによって

接続　**動詞** ・辞書形、 **動詞** ・ない形

意味　〜で、〜によって（手段、方法）

例　　運動することで、夜よく寝られるようになりますよ。
　　　木を植えることによって、二酸化炭素を減らすことができる。

- -

応用　「〜ことで」は「手段、方法」以外に、「原因、理由」の意味もあります。
例　　私が口を出したことで、問題が大きくなってしまった。

100 〜ことに

接続　**動詞** ・た形 ¦ **い形容詞** ＋い ¦ **な形容詞** ＋な

意味　とても〜で

例　　くやしいことに、あと1点で日本語能力試験N2に落ちた。

101 〜ことには…ない

接続　動詞・ない形

意味　〜なければ…ない

例　何事（なにごと）もやってみないことには、始（はじ）まらない。

102 〜ことはない／〜こともない

接続　動詞・辞書形

意味　〜する必要（ひつよう）はない

例　あなたがそんなに気（き）にすることはない。

第17日

他（ほか）にも「〜こと」の用法（ようほう）はありますので、紹介（しょうかい）します。

「〜ことだし」は「普通形（ふつうけい）」に接続（せつぞく）し、「〜から」の意味（いみ）です。
「〜ことなく」は「動詞・辞書形（じしょけい）」に接続（せつぞく）し、「〜ないで」の意味（いみ）です。
「〜ことになると／〜こととなると」は「動詞・辞書形（じしょけい）｜ 名詞 」に接続（せつぞく）し、「〜の話（はなし）になると」の意味（いみ）です。

Point!

次の文の（　　）に入れるのに最もよいものを、1・2・3・4から一つ選びなさい。

1 この辺りは都心に近くて（　　　）ことから、人気がある。

　1　住みやすく　　　2　住みやすい　　　3　住みやすさ　　　4　住みやす

2 このタブレットは持ち運びに（　　　）ことから、人気がある。

　1　便利な　　　　2　便利だ　　　　3　便利　　　　4　便利の

3 あなたがそばにいてくれたら、どんなに（　　　）ことだろう。

　1　心強く　　　　2　心強さ　　　　3　心強い　　　　4　心強くて

4 ここまで手伝っていただけるとは、私がどれほど（　　　）ことか。

　1　感謝の　　　　2　感謝し　　　　3　感謝して　　　　4　感謝している

5 インターネットが（　　　）ことによって、オンライン授業が開催できなかった。

　1　つながった　　　2　つながれ　　　3　つながらない　　　4　つながって

6 このビルの防犯システムは、センサーに触れること（　　　）、ブザーが鳴り響きます。

　1　も　　　　　2　に　　　　　3　が　　　　　4　で

7 (　　　　) ことに、送別会にみんなが来てくれた。

　1　うれし　　　　　2　うれしく　　　　3　うれしい　　　4　うれしさ

8 (　　　　) ことに、入学式で配る記念品が一つ足りない。

　1　困る　　　　　　2　困った　　　　　3　困り　　　　　4　困って

9 部長が (　　　　) ことには、会議を始められない。

　1　来ない　　　　　2　来る　　　　　　3　来た　　　　　4　来

10 原因を突き止めないこと (　　　　) は、本当に解決したとは言えない。

　1　で　　　　　　　2　も　　　　　　　3　の　　　　　　4　に

11 あなたも忙しいのだから、わざわざ見舞いに (　　　　) こともないですよ。

　1　来た　　　　　　2　来ない　　　　　3　来る　　　　　4　来

12 彼が悪いのだから、あなたが謝ること (　　　　) ない。

　1　を　　　　　　　2　は　　　　　　　3　と　　　　　　4　の

次の文の（　　　）に入れるのに最もよいものを、1・2・3・4から一つ選びなさい。

1 主役に選ばれる可能性が低くても、オーディションに応募しない（　　　）、チャンスはやってこない。

1　ことだから　　　2　ことには　　　3　ことで　　　4　こともなく

2 当然のことをしただけなので、高木さんがそんなに頭を下げる（　　　）。

1　ことはない　　　2　ことだ　　　3　ことか　　　4　ことにする

3 この道ぞいにいちご畑がたくさんある（　　　）、「いちごロード」と呼ばれている。

1　ことに　　　2　ことなく　　　3　ことから　　　4　ことだし

4 教頭「わが校出身の選手が、オリンピックに出場しましたね。」
　　校長「もし金メダルが取れたら、どれほどすばらしい（　　　）ね。」

1　ことに　　　　　　　　　　2　こともない
3　ことになっている　　　　　4　ことだろう

5 幸いな（　　　）、それ以上火災は広がらなかった。

1　ことから　　　2　ことに　　　3　ことなく　　　4　ことだし

6 このポスターは、タイトルの文字の色を変える（　　　）、イメージがかなり変わる。

1　ことから　　　2　ことには　　　3　ことで　　　4　ことに

Ⅲ 組み立て問題

次の文の＿★＿に入る最もよいものを、1・2・3・4から一つ選びなさい。

---

1 ゲスト ＿＿＿＿ ＿＿＿＿ ＿★＿ ＿＿＿＿ ことでしょう。

1 あなたが　　　　2 喜ばれる　　　　3 として　　　　4 来てくれたら

---

2 上級者向けの ＿＿＿＿ ＿＿＿＿ ＿★＿ ＿＿＿＿ 難しさがわからないでしょう。

1 みない　　　　2 弾<ruby>弾<rt>ひ</rt></ruby>いて　　　　3 ことには　　　　4 曲でも

---

3 何も ＿＿＿＿ ＿＿＿＿ ＿★＿ ＿＿＿＿ 進んでいけ。

1 ことは　　　　2 心配する　　　　3 どんどん　　　　4 ないから

---

4 喜ばしい ＿＿＿＿ ＿＿＿＿ ＿★＿ ＿＿＿＿ 市役所に飾られている。

1 わが子の　　　　2 金賞を取って　　　　3 絵が　　　　4 ことに

---

5 商品のパッケージの ＿＿＿＿ ＿＿＿＿ ＿★＿ ＿＿＿＿ 、商品名が伝わりやすくなる。

1 変えること　　　　2 ロゴの　　　　3 によって　　　　4 大きさを

---

6 この島は ＿＿＿＿ ＿＿＿＿ ＿★＿ ＿＿＿＿ 呼ばれている。

1 多くの　　　　2 「<ruby>猫島<rt>ねこじま</rt></ruby>」と　　　　3 猫が　　　　4 いることから

Ⅳ 文章問題

次の文章を読んで、文章全体の内容を考えて、 [1] から [6] の中に入る最もよいものを、1・2・3・4から一つ選びなさい。

外来語（がいらいご）とは、外国の言葉をそのまま自分たちの言葉に取り入れたものだ。日本語の中にも、たくさんの外来語がある。

1543年から、ポルトガルとの交流が [1] 、日本語には、ポルトガル語に由来（ゆらい）する（注1）言葉が残っている。たとえば、「パン」、「ボタン」、「タバコ」などだ。反対に、日本から、刀（かたな）がポルトガルに [2] 、「カタナ」はそのままポルトガル語になっている。このように、世界で、日本語がそのまま使われている場合がある。和食（しょく）の料理名は、そのまま使われることが多い。逆に「スシ」「テンプラ」「ラーメン」といった言葉を使わないことには、 [3] ほどだ。「空の（から）」と「オーケストラ」を組み合わせた言葉である「カラオケ」も、世界中で通じる言葉になっている。

最近では、 [4] 「かわいい」「もったいない」という言葉も、日本語と同じ意味で使われるようになったということだ。

日本語の文章で、外来語をたくさん使っているため、意味が通じなくなっている文章を見ることもある。外来語を無理に [5] 。ただ、外来語を取り入れることで、その言葉の国の文化も取り入れ、理解することにつながり、自分たちの文化が [6] 。

（注1）由来（ゆらい）する：物事の始めとするところ。

1

　1　始まったことに
　2　始まったことはなく
　3　始まったこととなると
　4　始まったことによって

2

　1　輸出されていたことから
　2　輸出されてみないことには
　3　輸出されたことには
　4　輸出されたようで

3

　1　どのような料理かがすぐにわかる
　2　どのような料理か説明がいらない
　3　どのような料理かわかってもらえない
　4　どのような料理でも食べてくれない

4

　1　驚くほどに
　2　驚いたことに
　3　驚いたせいで
　4　驚いてはじめて

5

　1　使うことはない
　2　使えばいい
　3　使わないことはない
　4　使うことになっている

第17日

6

　1　豊かになっていくことにしているようだ
　2　豊かになるようにする
　3　豊かになっていくことだろう
　4　豊かにならないにちがいない

第18日

103 〜ものがある

接続　動詞・辞書形｜い形容詞｜な形容詞
意味　〜という特徴がある、なんとなく〜と感じられる
例　この子の成長には、目を見張るものがある。

104 〜ものだ

接続　❶ 動詞・辞書形｜動詞・ない形｜い形容詞 ＋い｜な形容詞 ＋な
　　　❷ 動詞・た形｜い形容詞 ＋い｜な形容詞 ＋な
意味　❶ 〜するのは当たり前だ。
　　　❷ 心から〜だと思う
例　❶ 赤ちゃんは、泣くものだ。
　　❷ おいも大きくなったものだ。

105 〜ものだから

接続　普通形（い形容詞 ＋い｜な形容詞 ＋な｜名詞 ＋な）
意味　〜から
例　おなかがすいていたものだから、ついつまみ食いをしてしまいました。

106 〜というものではない

接続　普通形（な形容詞 ＋だ｜名詞 ＋だ）
意味　必ずしも〜とは言えない
例　何でも正直に言えばいいというものではない。

¹⁰⁷ ～ものなら

接続　❶ 動詞・辞書形、動詞・可能形

　　　❷ 動詞・意向形

意味　❶ （できないことが）～たら

　　　❷ （してはいけないことを）～たら

例　　❶ 戻れるものなら、子ども時代まで戻りたい。

　　　❷ 妹の分のケーキを食べようものなら、あとで大変なことになる。

¹⁰⁸ ～ものの

接続　普通形（ い形容詞 ＋い｜ な形容詞 ＋である｜ 名詞 ＋である）

意味　～けれども

例　　英会話教室に入会したものの、都合が合わず、なかなか行けていない。

第**18**日

他にも「～もの」の用法はありますので、紹介します。

～ものか

「辞書形｜ い形容詞 ＋い｜ な形容詞 ＋な｜＋の」に接続し、「決して～ない」の意味になります。

Point!

次の文の（　　　）に入れるのに最もよいものを、1・2・3・4から一つ選びなさい。

1 彼の作品は、人を（　　　）ものがある。

1　ひきつけた　　　　2　ひきつけて　　　　3　ひきつけ　　　　4　ひきつける

2 あの有名なバイオリニストの奏でる音楽は、（　　　）ものがある。

1　感動しない　　　　2　感動させる　　　　3　感動しろ　　　　4　感動するな

3 後悔することもあるから、何でもその場で（　　　）ものです。

1　即決しない　　　　2　即決した　　　　3　即決し　　　　4　即決して

4 10年ぶりに訪れたが、この街もずいぶん（　　　）ものだ。

1　にぎやかだ　　　　　　　　　　2　にぎやかになった
3　にぎやか　　　　　　　　　　　4　にぎやかの

5 （　　　）ものですから、右も左もわかりません。

1　初めて　　　　2　初めてだ　　　　3　初めてな　　　　4　初めてで

6 現金の持ち合わせが（　　　）ものですから、カードで支払います。

1　あった　　　　2　あり　　　　3　なくて　　　　4　ない

7 都会から離れたところで暮らしても、必ずしも（　　　　　）というものではない。

1　不便の　　　　　　2　不便だ　　　　　　3　不便な　　　　　　4　不便さ

8 「映える」写真をホームページに載せても、たくさんお客が（　　　　　）というものではない。

1　来る　　　　　　2　来ない　　　　　　3　来て　　　　　　4　来られて

9 生きているあいだに、（　　　　　）ものなら、世界中の料理を食べてみたい。

1　食べられた　　　2　食べられ　　　　3　食べられる　　　4　食べられて

10 少しでも私の意見を（　　　　　）ものなら、あの人は怒ってしまう。

1　言い　　　　　　2　言おう　　　　　3　言う　　　　　　4　言った

11 この作文は、多少漢字が（　　　　　）ものの、文章は素晴らしい。

1　間違っていて　　　　　　　　　　2　間違ってい
3　間違っていろ　　　　　　　　　　4　間違っている

12 この製品は、（　　　　　）ものの、使いやすい。

1　安い　　　　　　2　安さ　　　　　　3　安く　　　　　　4　安

第18日

次の文の（　　　）に入れるのに最もよいものを、1・2・3・4から一つ選びなさい。

1 日本語で話せなかったとしても、日本語がわからない（　　　）。

1　もん　　　　　　　　　　　　2　というものではない
3　ものだ　　　　　　　　　　　4　ものか

2 出勤の途中、公園の花だんがきれいな（　　　）、ついより道をしてしまった。

1　ものだから　　　2　ものの　　　　3　ものなら　　　4　もので

3 修行中の職人が作った棚だが、すばらしい（　　　）。

1　ものを　　　　2　もん　　　　3　ものか　　　　4　ものがある

4 先輩のアドバイスは、ありがたく受け止める（　　　）。

1　ものか　　　　2　ものがある　　　3　どころだ　　　4　ものだ

5 子どもはすくすく成長している（　　　）、持病がいつ再発するがかわからない。

1　もので　　　　2　ものだから　　　3　ものの　　　　4　ものなら

6 大した病気ではないようなので、自力で治せる（　　　）治したい。

1　ものの　　　　2　ものなら　　　3　もので　　　　4　ものだから

Ⅲ 組み立て問題

次の文の___★___に入る最もよいものを、1・2・3・4から一つ選びなさい。

1 普段は _____ _____ ___★___ _____ に思い出せない。

1　いる　　　　　　2　覚えて　　　　　3　肝心_{かんじん}なとき　　4　ものの

2 私の犬は私が _____ _____ ___★___ _____ 追いかけてくる。

1　少しでも　　　　2　鳴いて　　　　　3　ものなら　　　　4　離れよう

3 ライブで _____ _____ ___★___ _____ ないでしょう。

1　後ろのほうでも　　　　　　　　2　変わるものでは
3　楽しさは　　　　　　　　　　　4　席が

4 昨日は _____ _____ ___★___ _____ をしてしまった。

1　寝不足だった　　2　居眠り　　　　　3　授業中に　　　　4　ものだから

5 今では _____ _____ ___★___ _____ ものだ。

1　あの公園での　　　　　　　　　2　ボール遊びは
3　昔はよく遊んだ　　　　　　　　4　禁止されているが

6 あの _____ _____ ___★___ _____ ものがある。

1　上がり方は　　　2　驚く　　　　　　3　学生の　　　　　4　学力の

第18日

167

Ⅳ 文章問題

次の文章を読んで、文章全体の内容を考えて、｜　1　｜から｜　6　｜の中に入る最もよいものを、1・2・3・4から一つ選びなさい。

南米にあるエクアドルと日本には、長い交流の歴史がある。その交流に大きな働きをしたのが、野口英世（1876 〜 1928）であると言われている。

野口英世は、福島県出身の、日本の千円札にのった細菌学者だ。

幼いころ、やけどをして、左手が不自由に｜　1　｜、手術を受けよくなったことをきっかけとして、医者を目指し、細菌について研究した。

野口の研究で特に知られているのが、黄熱病に関するものだ。

黄熱病に｜　2　｜、高熱や頭痛に苦しむことになる。治す薬もなく、30 〜 50％の患者が亡くなる病気で、当時は「黄熱病にかかったら｜　3　｜」と思われていた。エクアドルでこの病気が大流行していたとき、野口はエクアドルへ行き、病原体を発見しワクチンを開発して、多くの人を救った。

しかし、野口英世が発見した病原体は実は黄熱病ではなく、そのとき同時に流行していた別の病気のものだ、と批判を｜　4　｜、野口は本当の原因を突き止めようと、まわりに反対されても、黄熱病の流行している国で研究を続けた。そして黄熱病にかかり亡くなっている。

現在の研究では、野口のワクチンは黄熱病に｜　5　｜、とされているが、その当時たくさんの人を救ったことは事実である。エクアドルの人々は、野口の功績を忘れず、首都のキトとグアヤキルには「ノグチ・ヒデヨ通り」がある。

日本から遠く離れたエクアドルに、野口英世の名前がついた通りがある、ということは、日本人にとっては｜　6　｜。

1 なったからには　　　　　　2 なったものの
3 なろうものなら　　　　　　4 なるかわりに

1 かかるものの　　　　　　　2 かからないとなると
3 かかるうちに　　　　　　　4 かかろうものなら

1 助からないものだ　　　　　2 助けられないはずはない
3 助けられるものだ　　　　　4 助かるはずだった

1 受けたほどで　　　　　　　2 受けるようにして
3 受けたものだから　　　　　4 受けようものなら

1 効くはずだった　　　　　　2 効いたらいい
3 効くかもしれない　　　　　4 効くというものではない

1 残念な気持ちがする　　　　2 うれしいわけではない
3 残念なことだ　　　　　　　4 うれしいものがある

第19日

109 〜かのようだ／〜かのような／〜かのように

接続　普通形（ な形容詞 ＋である｜ 名詞 ｜ 名詞 ＋である）

意味　〜に見える、〜に感じる

例　今日はとても暑くて、まるで夏になったかのようだ。

あの子はまだ小さいのに、まるで大人であるかのような話し方をする。

トラブル続きで、みんなに迷惑をかけたのに、次の日何事もなかったかのように接してくれた。

110 〜ようがない／〜ようもない

接続　 動詞 ・ます形

意味　〜できない

例　メールをしても返信がなく、電話をしてもつながらないので、連絡の取りようがない。

111 〜ようで／〜ようでいて

接続　普通形（ い形容詞 ＋い｜ な形容詞 ＋な｜ 名詞 ＋の）

意味　〜そうだが、実際は…

例　この街は、学生街なので、静かなようでにぎやかだ。

112 〜よう

接続　 動詞 ・ます形

意味　〜する様子

例　彼女は、オーディションに合格したと聞いて、ものすごい喜びようだった。

113 〜ようであれば／〜ようなら

接続　動詞・辞書形、動詞・ない形｜い形容詞＋い｜な形容詞＋な｜である

意味　もし〜たら

例　約束の時間に間に合わないようであれば、必ず連絡をください。

　　このお菓子がお口に合うようなら、また買ってきます。

114 〜ようでは

接続　動詞・辞書形、動詞・ない形

意味　そのような〜であれば

例　こんな簡単な問題も解けないようでは、志望する大学に受かりませんよ。

〜ような

たとえている「〜ような」と例を示す「〜ような」の見分け方は、
「まるで、あたかも」といった言葉を一緒に使えるか使えないかです。
たとえている場面では使いますが、例を示している場面では使いません。

第19日

Point!

次の文の（　　　）に入れるのに最もよいものを、1・2・3・4から一つ選びなさい。

1 じっとしているあの犬は、まるで（　　　　　）かのようだ。

1 ぬいぐるみだ　　　　　　　　2 ぬいぐるみの
3 ぬいぐるみである　　　　　　4 ぬいぐるみで

2 教室の窓ガラスを割ったのはあの人なのに、何も（　　　　　）かのような顔をしている。

1 知る　　　　　2 知らない　　　　　3 知った　　　　　4 知ろう

3 監督が見張っているから、サボりたくても（　　　　　）ようがない。

1 サボり　　　　2 サボる　　　　3 サボった　　　　4 サボって

4 こんなに漢字の間違いが多いと、直しよう（　　　　　）ない。

1 と　　　　　2 は　　　　　3 も　　　　　4 へ

5 何でもコンピューターで管理するのは、（　　　　　）ようでいて、不便なこともある。

1 便利だ　　　　2 便利の　　　　3 便利　　　　4 便利な

6 このコートは、（　　　　　）ようで、実は裏に厚い生地がついている。

1 うすく　　　　　　　　　　2 うすい
3 うすくなかった　　　　　　4 うすくない

7 退院してからの彼は、（　　　　）ように元気になっていた。

1　見違える　　　　　2　見違え　　　　　3　見違えの　　　　　4　見違えだ

8 アイドルを空港で出迎えたファンは、まるでお祭りみたいな（　　　　）ようだった。

1　騒ぐ　　　　　2　騒げ　　　　　3　騒ぎ　　　　　4　騒ごう

9 明日の演劇のチケットがあまっているので、ほしい人が（　　　　）ようなら、あげてください。

1　いた　　　　　2　いる　　　　　3　いて　　　　　4　いろ

10 面接に行くのに、このスーツが派手なよう（　　　　）あれば、他のスーツに着替えます。

1　と　　　　　2　が　　　　　3　へ　　　　　4　で

11 このまま営業成績が（　　　　）ようでは、別の部署へ異動してもらいます。

1　伸び悩む　　　　　2　伸び悩み　　　　　3　伸び悩んだ　　　　　4　伸び悩め

12 マニュアルを見ても作業が（　　　　）ようでは、困りますよ。

1　できた　　　　　2　できるな　　　　　3　できない　　　　　4　できて

Ⅱ 応用問題

次の文の（　　　　）に入れるのに最もよいものを、1・2・3・4から一つ選びなさい。

1 プレゼンテーションのスライドがわかりづらく、聞いているこちらは理解し
（　　　　）。

  1　ようになる　　　　　　　　　　2　ようがない
  3　ようにしている　　　　　　　　4　かのようだ

2 売り上げが伸びない（　　　　）、一部の店の閉店も考えなければならない。

  1　かのようで　　　2　ようもなく　　　3　ようなら　　　4　ようで

3 いざ自分がやってみると、簡単な（　　　　）、簡単ではなかったりする。

  1　ようで　　　　　2　ようなら　　　3　ようがなく　　　4　ようでは

4 少し走ったくらいで疲れる（　　　　）、マラソン大会には参加させられません。

  1　ようでも　　　　2　ように　　　　3　ようでは　　　4　ようであれば

5 子どもはおばけ屋敷に入ると、ひどい怖がり（　　　　）、泣き叫んでいた。

  1　ようがなく　　　2　ようでいて　　　3　ようで　　　4　ようなら

6 佐々木「さあ、どうぞ。召し上がってください。」
  石　井「わあ、まるで一流ホテルで食べている（　　　　）味だね。」

  1　ようであれば　　　　　　　　　2　ようでは
  3　ようによっては　　　　　　　　4　かのような

Ⅲ 組み立て問題

次の文の___★___に入る最もよいものを、1・2・3・4から一つ選びなさい。

1 今回の _____ _____ ___★___ _____ 別の国も検討^{けんとう}しましょう。

  1　うまくいく   2　海外進出が   3　ようで   4　あれば

2 あの先生は _____ _____ ___★___ _____ している人だ。

  1　ようで   2　気難しい   3　あっさり   4　いて

3 家族はまるで _____ _____ ___★___ _____ している。

  1　宝くじが   2　かのように   3　当たった   4　大騒ぎ

4 泊まる予定の旅館への行き方を誰かに _____ _____ ___★___ _____ がない。

  1　いないから   2　周りに誰も   3　尋ねよう   4　聞きたくても

5 時間を _____ _____ ___★___ _____ しかない。

  1　任務^{にんむ}から   2　ようなら   3　守れない   4　はずれてもらう

6 新人の _____ _____ ___★___ _____ 伝わってくる。

  1　ようは   2　こちらまで   3　困り   4　見ている

Ⅳ 文章問題

次の文章を読んで、文章全体の内容を考えて、 [1] から [6] の中に入る最もよい
ものを、1・2・3・4から一つ選びなさい。

地球温暖化とは、二酸化炭素などの「温室効果ガス」が大気中に出され、地球
全体の平均気温が上昇している現象のことです。まるで毛布が地球を [1] 状態
であると言われます。人間の経済のための活動、つまり乗り物を動かしたり、食料
の家畜をたくさん育てたりしていることなどが原因です。このまま [2] 、もっ
と気温が上がり、地球の環境が大きく変わってしまう恐れがあります。

世界各国が、温暖化を止めるため、二酸化炭素を減らそうとしています。特に、
ヨーロッパの国は熱心で、いろいろな対策をしているので、他の国から来た生活者や
旅行者の [3] 、現地の人におかしく思われることもあります。たとえばドイツで
は、プラスチック製の使い捨ての容器を使わないように、お店に容器を持っていく人
が多いそうです。フランスでは、洋服のリサイクルがさかんで、お店で売れ残った服
を捨てることが禁止されています。

このように世界各国で二酸化炭素を減らそうとしていますが、 [4] 、実際に
目標に届いている国は少ないです。経済も大事ですが、経済だけを [5] 、地球
の環境が悪くなり、結局、人類が困ることになります。

「自分ひとりでは、 [6] 」と思わずに、ひとりひとりができることから取り組
む必要があるでしょう。

1

1　包むしかない　　　　　　　　　2　包みかけの

3　包んでいるかのような　　　　　4　包みようがない

2

1　何も対策をしようがなく　　　　2　何かの対策をするようでいて

3　何らかの対策をするようでは　　4　何の対策もしないようなら

3

1　驚いたかのように　　　　　　　2　驚くわけは

3　驚きようは　　　　　　　　　　4　驚くままでは

4

1　上手くいっているので　　　　　2　上手くいっているようでいて

3　上手くいかなくても　　　　　　4　上手くいくからには

5

1　大事にしているようで　　　　　2　大事なのはもちろん

3　大事にするようでは　　　　　　4　大事にしているわりには

6

1　対策をしてもらいたい　　　　　2　まったく対策をしていない

3　温暖化を止めたい　　　　　　　4　温暖化を止めようがない

第19日

第20日

　敬語には、「尊敬語、謙譲語Ⅰ、謙譲語Ⅱ（丁重語）、丁寧語、美化語」の5種類があります。

　＊下の説明の「尊敬語①」などの番号は、この本のなかでの分類の数字です。

115 尊敬語①

尊敬語は、相手を高める場面で使用します。

用法　動詞・ない形＋（ら）れる
例　　❶ この原稿は、有名な先生が書かれました。【Ⅰグループ】
　　　❷ 社長は先ほど出かけられました。【Ⅱグループ】
　　　❸ 区長が我が校に来られました。【Ⅲグループ】

116 尊敬語②

用法　お＋動詞・ます形＋になります、ご＋動詞・ます形＋になります
例　　❶ 店長は、少し前にお帰りになりました。
　　　❷ この件は部長がご説明になります。
　　　＊「来る」「する」「着る」「見る」などはこの形にできません。

117 尊敬語③

もとの言葉とは形が変わる尊敬語があります。180ページの表を見てください。

118 謙譲語①

謙譲語は、自分を低めて相手を高める場面で使用します。

用法　お＋動詞・ます形＋します、ご＋動詞・ます形＋します

例　❶ シャトルバス乗り場まで、お荷物をお運びします。
　　❷ 係の者がご案内します。

119 謙譲語②

もとの言葉とは形が変わる謙譲語があります。180 ページの表を見てください。

120 美化語

美化語は、物を丁寧に言う場面で使用します。

用法　お＋名詞 、ご＋名詞

例　❶ 冷たいお水をください。
　　❷ ご連絡ください。

第20日

特別な形の尊敬語と謙譲語

	尊敬語	謙譲語
行きます 来ます	いらっしゃいます	参ります
います		おります
食べます 飲みます	召し上がります	いただきます
もらいます	×	
くれます	くださいます	×
言います	おっしゃいます	申します 申し上げます
知ります	ご存じです	存じます 存じ上げます
知っています		存じております
見ます	ご覧になります	拝見します
見せます	×	ご覧に入れます お目にかけます
します	なさいます	いたします
聞きます 訪ねます	×	伺います
思います	×	存じます
来ます 履きます	お召しになります	×
会います	×	お目にかかります
借ります	×	拝借します

敬語の種類

丁重語は、「参る、申す、いたす、おる」などで、高める相手がいないとき、自分の行為を丁寧に伝える場面で使用します。

丁寧語は、「〜です」「〜ます」で、一般的に広く使われます。

また、「〜ございます」も丁寧語で、2種類あります。

- ▶ ① 当校は板橋区にございます。（ある）
- ▶ ② 電話：工藤でございます。（です）

美化語

「美化語」には、「お＋名詞」と「ご＋名詞」の2種類があります。

基本は「お」は和語、「ご」は漢語、カタカナには「お」も「ご」も使いません。

しかし、例外があります。例えば、

- ▶ 「ゆっくり（和語）」 ：○ ごゆっくり ✕ おゆっくり
- ▶ 「電話（漢語）」 ：○ お電話 ✕ ご電話
- ▶ 「トイレ（カタカナ）」：○ おトイレ
- ▶ 名詞が一語だったり、漢語でも身近な言葉には「お」を使います。

二重敬語

「二重敬語」とは、一つの文に、2回敬語を使う表現で、間違った文ですので、気をつけてください。

- ○ 先日、校長が学校の方針をおっしゃいました。
- ✕ 先日、校長が学校の方針をおっしゃられました。

〜くださる／〜いただく

「〜くださる」には、「くれる（くれます）」の尊敬語以外に、「目上の相手が〜する」という意味もあります。

「〜いただく」には、「もらう（もらいます）」の謙譲語以外に、「目上の相手に〜してもらう」という意味もあります。

- ▶ 先生がシンポジウムにご参加くださった。
- ▶ 先生にアンケートにご協力いただいた。

上記のように、「ご参加くださる」は相手の行為であり、「ご協力いただく」は、その行為に恩恵を表した表現になっています。

また、「いただきたい」は言えますが、「くださりたい」は言えません。

Point!

次の文の（　　　　）に入れるのに最もよいものを、1・2・3・4から一つ選びなさい。

1 私の師匠が、若いときにこの包丁を（　　　　）。

　　1　作れました　　　　　　　　　2　作られました

　　3　作らせました　　　　　　　　4　作らさせられました

2 校長先生から聞きましたが、コーチは明日（　　　　）。

　　1　休ませます　　　　　　　　　2　休ませられます

　　3　休めます　　　　　　　　　　4　休まれます

3 奥山教授は、お（　　　　）になりました。

　　1　出かけ　　　　2　出かけられ　　　3　出かけよう　　　4　出かけた

4 当店の会員カードをお持ちでないお客様は、ご（　　　　）になれません。

　　1　利用し　　　　2　利用される　　　3　利用　　　　　　4　利用する

5 「大臣、今大会の日本の選手の活躍を（　　　　）か。」

　　1　召し上がります　　　　　　　2　ご存じです

　　3　いらっしゃいます　　　　　　4　おっしゃいます

6 店長が南さんの担当の業務を、代わりにして（　　　　）よ。

　　1　くださいました　　　　　　　2　なさいました

　　3　もらいました　　　　　　　　4　やりました

7 お客様、お荷物をお（　　　　）します。

1　持たれ　　　　　2　持った　　　　　3　持ち　　　　　4　持つ

8 今度、50周年記念パーティーにご（　　　　）しますから、いらっしゃってください。

1　招待に　　　　　2　招待　　　　　3　招待と　　　　　4　招待を

9 事故については、情報が入り次第、ご報告（　　　　）。

1　いたします　　2　参ります　　　3　伺います　　　4　おります

10 先日、社長の書かれた本を（　　　　）。

1　申しました　　　　　　　　　2　存じませんでした
3　お目にかかりました　　　　　4　拝見しました

11 申込書のここに、（　　　　）名前をご記入ください。

1　ご　　　　　　2　お　　　　　3　小　　　　　4　貴

12 現在の（　　　　）住所をお書きください。

1　ご　　　　　　2　お　　　　　3　小　　　　　4　貴

183

次の文の（　　　）に入れるのに最もよいものを、1・2・3・4から一つ選びなさい。

1 専務_{せんむ}はタクシーに（　　　　　）ので、手配しておきましょう。

   1　ご乗りします　　　　　　　　　　2　お乗りになります

   3　ご乗りになります　　　　　　　　4　お乗りします

2 ただ今、部長はお手洗いに（　　　　　）から、車を準備しておきます。

   1　行かれました　　　　　　　　　　2　行かせました

   3　行かせられました　　　　　　　　4　行けました

3 社長、私が今、お茶を（　　　　　）ので、あちらでお待ちください。

   1　ごいれになります　　　　　　　　2　ごいれします

   3　おいれします　　　　　　　　　　4　おいれになります

4 申し訳ありません、（　　）説明が聞き取れなかったので、もう一度お願いできますか。

   1　ご　　　　　　2　お　　　　　　3　弊　　　　　　4　貴

5 みなさま、おはようございます。バスツアーのガイドを務める加藤_{かとう}と（　　　　　）。

   1　申します　　　　　　　　　　　　2　おっしゃいます

   3　参ります　　　　　　　　　　　　4　いらっしゃいます

6 秘書「部長、コーヒーと紅茶と、どちらを（　　　　　）か。」

   部長「コーヒーをお願いします。」

   1　いただきます　　2　召し上がります　　3　くださいます　　4　いたします

Ⅲ 組み立て問題

次の文の___★___に入る最もよいものを、1・2・3・4から一つ選びなさい。

---

1 何か ___ ___ ___★___ ___ でしょうか。

　1　が　　　　　　　2　ご　　　　　　　3　あります　　　4　意見

---

2 新聞に、署長が ___ ___ ___★___ ___ というニュースが掲載されました。

　1　子どもたちを　　2　された　　　　　3　表彰　　　　　4　人助けをした

---

3 駅のアナウンスで、___ ___ ___★___ ___ 内側までお下がりください と流れた。

　1　参ります　　　　2　点線の　　　　　3　ので　　　　　4　電車が

---

4 チケットを ___ ___ ___★___ ___ になれません。

　1　お客様は　　　　2　ない　　　　　　3　お持ちで　　　4　ご入場

---

5 お客様が ___ ___ ___★___ ___ 承知しております。

　1　ました　　　　　2　おっしゃい　　　3　ことは　　　　4　重々

---

6 ご不明な ___ ___ ___★___ ___ します。

　1　点が　　　　　　2　私が　　　　　　3　お調べ　　　　4　ありましたら

Ⅳ 文章問題

次の文章を読んで、文章全体の内容を考えて、　1　から　6　の中に入る最もよいものを、1・2・3・4から一つ選びなさい。

一週間前から、旅行で日本に滞在している。ずっと日本に行ってみたかったので、毎日とても楽しい。日本に行く前に、だいたいの日本人は親切で、日本の飲食店や、ホテルなどはサービスがいい、と日本人の先生から　1　、それは本当だった。

空港では、私が財布を落としたことに気がつかず、歩いていたとき、近くにいた人が、「あっ、財布を　2　」とすぐに声をかけてくれた。私の国では、落とした財布が戻ってくることはほとんどないので、驚いた。

次に、ホテルまでの行き方がわからず、困っていると、「なにか　3　」と道を歩いていた日本人グループが、声をかけてくれた。その人たちも、どこかに行く途中だったのに、わざわざ全員でホテルの入口まで案内して、「日本を楽しんでくださいね！」と言って去っていった。

ホテルのオーナーはとても親切で、「ガイドブックを　4　」と言って、手作りのガイドブックを貸してくれたり、「友人がいるので、あなたの国のことをよく　5　」と古い写真を見せてくれたりした。

市場を見にいったときは、並んでいるお店の人から、「どうぞ、　6　！」と、いろいろな食べ物の試食をすすめられ、それだけでおなかがいっぱいになった。

もうすぐ帰国するが、また日本に来たいと、心から思っている。

1

   1　おっしゃられていたけれど　　　　2　申し上げられたとしても

   3　お聞きになるなら　　　　　　　　4　伺っていたが

2

   1　お落とししましたよ　　　　　　　2　落とされましたよ

   3　ご落としになりましたよ　　　　　4　お落としされましたよ

3

   1　なさいますか　　　　　　　　　　2　助けられましょうか

   3　お手伝いしましょうか　　　　　　4　参りましょうか

4

   1　お召しになりますか　　　　　　　2　お目にかかりましょうか

   3　ご覧になりますか　　　　　　　　4　拝見しましょうか

5

   1　存じておりますよ　　　　　　　　2　お聞きになっていますよ

   3　おっしゃっていますよ　　　　　　4　申していますよ

6

   1　召し上がってください　　　　　　2　いただいてください

   3　お目にかけてください　　　　　　4　お召し上がってください

作 文 ④

第16日〜第20日

_____に言葉を入れて、文を完成させなさい。

第16日

1 私はまだ学生なので、_____わけにはいきません。

2 この件は、_____までもない。

3 (待ち合わせで)
先輩：新幹線の時間に間に合うかな。

後輩：_____さんは_____だから、_____わけが
ありません。

第17日

1 _____は_____ことはない。

2 もし_____なら_____ことだろう。

3 先　生：どうして、そう考えたのですか。教えてください。

あなた：_____ことから、_____と
考えました。

第18日

1 ＿＿＿＿＿＿＿＿＿＿からといって、＿＿＿＿＿＿＿＿＿というものではありません。

2 ああ、＿＿＿＿＿＿＿＿＿＿＿ものなら、＿＿＿＿＿＿＿＿＿＿＿＿たいよ。

3 （学校で）

先　生：どうして授業に遅れたんですか。

あなた：＿＿＿＿＿＿＿＿＿＿＿＿＿＿＿＿ものだから、遅刻してしまいました。

第19日

1 ＿＿＿＿＿＿＿＿＿＿＿は、まるで＿＿＿＿＿＿＿＿＿かのようだ。

2 もし＿＿＿＿＿＿＿＿がなかったら、＿＿＿＿＿＿＿＿＿＿＿ようがない。

3 （友達との会話で）

あなた：じゃあ、＿＿＿＿＿＿＿＿＿＿＿＿＿＿＿ようなら、教えてね。
友　達：わかったよ。

第20日

1 ただいま社長は、＿＿＿＿＿＿＿＿＿＿＿で、＿＿＿＿＿＿＿＿＿＿＿＿。

2 自己紹介をします。＿＿＿＿＿＿＿＿から参りました＿＿＿＿＿＿＿＿と
申します。よろしくお願いいたします。

3 （ホテルで）

客：すみません、チェックインしたいんですけど……。

受付：かしこまりました。では、＿＿＿＿＿＿＿に、＿＿＿＿＿＿＿＿＿
ください。

まとめ問題 ④
第16日〜第20日

次の文の（　　）に入れるのに最もよいものを、1・2・3・4から一つ選びなさい。

1 初めは誰でも間違えることだから、そんなに（　　　　　）。

1　落ち込むわけがない
2　落ち込むことはない
3　落ち込みようがない
4　落ち込むというものではない

2 目的地まで、歩いて行ける距離（きょり）だから、わざわざタクシーを（　　　　　）。

1　呼ぶかのようだ
2　呼ぶというわけだ
3　呼ぶというものではない
4　呼ぶまでもない

3 一度（　　　　　）、おいしく作れるかどうかはわかりません。

1　作ってみないことには
2　作ってみようものなら
3　作ってみるわけだから
4　作ってみるようでは

4 ずっと連絡していないからといって、梁（りょう）さんのことを（　　　　　）。

1　避（さ）けようがない
2　避（さ）けるものではない
3　避（さ）けることはない
4　避（さ）けているわけではない

5 経験者の言葉には、（　　　　　）。

1　耳を傾（かたむ）けることもありません
2　耳を傾（かたむ）けるわけにはいきません
3　耳を傾（かたむ）けるものです
4　耳を傾（かたむ）けようがありません

6 鎮静剤（ちんせいざい）を打ちましたが、痛みが（　　　　　）、こちらの薬を飲んでください。

1　とれないわけだから
2　とれないようであれば
3　とれないことから
4　とれないものの

7 （ショーで）

魔術師「さあ、続いて皆様に（　　　　　）のは、新しいマジックです。」

客　「わあ、すごい！」

1　ご覧になられます　　　　　　　　2　お目にかかります

3　ご覧に入れます　　　　　　　　　4　お召しになります

8 （店で）

客　「最近、味が変わったんじゃない？」

店長「ええ、今までの仕入れ先が閉店してしまったので、新しい仕入れ先に

（　　　　　）。」

1　変更したというわけなんです　　　2　変更するということにしました

3　変更したというものではありません　4　変更するというようになりました

9 バランスよく何でも適度に（　　　　　）、健康的な生活が送れるでしょう。

1　食べるものだから　　　　　　　　2　食べるわけで

3　食べるものがあるが　　　　　　　4　食べることで

10 しばらく現場から（　　　　　）、感覚がまだ戻りません。

1　遠ざかっていたものですから　　　2　遠ざかっていたことに

3　遠ざかっていないようでは　　　　4　遠ざかっていないわけでもなく

11 伝統芸能も、人気のあるマンガなどを（　　　　　）、若者に興味を持ってもらう努力をしている。

1　取り入れるまでもなく　　　　　　2　取り入れることによって

3　取り入れるものの　　　　　　　　4　取り入れることに

12 チェックインのお時間になりましたら、私がお部屋までお荷物を（　　　　　）。

1　いたします　　2　お届けられます　　3　お届けします　　4　お届けになります

13 ６月の古い名前は「水無月（みなづき）」といって、雨がなかなか（　　　　　）、そう呼ばれていた。

1 降らないわけがなく　　　　　　　　2 降りようもなく

3 降ろうものなら　　　　　　　　　　4 降らないことから

14 家族がいる以上、自分だけがおいしいものを（　　　　　）。

1 食べようがない　　　　　　　　　　2 食べるというものではない

3 食べるわけにはいかない　　　　　　4 食べるまでだ

15 日本一周クルーズを（　　　　　）、自分には豪華（ごうか）すぎて、落ち着かなかった。

1 したものの　　　　　　　　　　　　2 しないことには

3 するようであれば　　　　　　　　　4 するまでもなく

16 さきほど工場長が、こちらの機械を（　　　　　）。

1 お使いしていただきました　　　　　2 お使いになりました

3 使わせていただきました　　　　　　4 お使いしました

17 将棋（しょうぎ）の対局（たいきょく）で挑戦者（ちょうせんしゃ）が反撃（はんげき）した。この大胆（だいたん）な一手で形勢（けいせい）が（　　　　　）。

1 逆転（ぎゃくてん）できないわけがない　　　　2 逆転（ぎゃくてん）できたことにする

3 逆転（ぎゃくてん）しようがない　　　　　　　4 逆転（ぎゃくてん）したものだ

18 大きく深呼吸を（　　　　　）胸をはってください。

1 したわけで　　　　　　　　　　　　2 しようものなら

3 したことから　　　　　　　　　　　4 するかのように

19 このくらいの挑発（ちょうはつ）で（　　　　　）、まだまだだね。

1 頭に来ないことには　　　　　　　　2 頭に来るようでは

3 頭に来たわけで　　　　　　　　　　4 頭に来たものの

20 予算が決まっているので、安いからといって、気に入ったものを何でも（　　　　　）。

1　買いようがない　　　　　　　　　2　買うわけにもいかない

3　買おうというものではない　　　　4　買うことはない

■■ 次の文の＿★＿に入る最もよいものを、１・２・３・４から一つ選びなさい。

1 その日は休みなので、課長の代わりに式典に ＿＿＿ ＿＿＿ ＿★＿ ＿＿＿ ので、指示を待っているところだ。

1　わけではないが　　　　　　　　　2　わけにもいかない

3　行けない　　　　　　　　　　　　4　勝手に行く

2 取引先の社長は、わが社の開いた食事会で、懐石料理をとても ＿＿＿＿ ＿＿＿＿ ＿★＿ ＿＿＿＿ ことができた。

1　召し上がったので　　　　　　　　2　おいしそうに

3　われわれもおいしく　　　　　　　4　いただく

3 このゲームは、途中で ＿＿＿＿ ＿＿＿＿ ＿★＿ ＿＿＿＿ 、その味方が生き返って、敵を倒すというストーリーだ。

1　強い味方が倒される　　　　　　　2　主人公が負けそうになる

3　ことによって　　　　　　　　　　4　ものの

執筆者紹介 ——————

三上優子(みかみ ゆうこ)
東洋大学大学院文学研究科英文学専攻　博士前期課程修了
国書日本語学校小豆沢校　教務部主任

日本語能力試験　20日で合格　N2 文法力アップドリル

2023年 1月20日　初版第 1 刷　発行

著　者　国書日本語学校

発行者　佐藤今朝夫

発行所　国書刊行会
〒174-0056 東京都板橋区志村1-13-15
TEL. 03(5970)7421(代表)　FAX. 03(5970)7427
https://www.kokusho.co.jp

DTP　オッコの木スタジオ
装幀　株式会社シーフォース
印刷　株式会社シーフォース
製本　株式会社村上製本所

乱丁本・落丁本はお取り替えいたします。
ISBN 978-4-336-07426-3

日本語能力試験
20日で合格

N2
文法力アップドリル

解答

「作文①〜④」の解答はありません。

国書刊行会

第1日	第2日	第3日	第4日

第1日

(I) 基礎問題

1	2	7	4
2	3	8	3
3	4	9	3
4	1	10	2
5	1	11	4
6	4	12	1

(II) 応用問題

1	3
2	2
3	1
4	4
5	4
6	2

(III) 組み立て問題

1	1
2	3
3	4
4	4
5	3
6	4

(IV) 文章問題

1	4
2	3
3	2
4	4
5	2
6	1

第2日

(I) 基礎問題

1	4	7	3
2	2	8	4
3	3	9	2
4	1	10	4
5	4	11	1
6	1	12	4

(II) 応用問題

1	1
2	2
3	3
4	3
5	2
6	4

(III) 組み立て問題

1	3
2	2
3	1
4	3
5	4
6	2

(IV) 文章問題

1	3
2	4
3	2
4	1
5	4
6	2

第3日

(I) 基礎問題

1	3	7	1
2	1	8	4
3	4	9	2
4	2	10	3
5	3	11	4
6	4	12	3

(II) 応用問題

1	1
2	3
3	1
4	4
5	4
6	2

(III) 組み立て問題

1	2
2	4
3	3
4	2
5	2
6	4

(IV) 文章問題

1	3
2	2
3	2
4	3
5	2
6	1

第4日

(I) 基礎問題

1	2	7	4
2	3	8	3
3	1	9	2
4	2	10	2
5	1	11	1
6	1	12	3

(II) 応用問題

1	2
2	3
3	2
4	1
5	4
6	4

(III) 組み立て問題

1	1
2	3
3	2
4	2
5	4
6	2

(IV) 文章問題

1	1
2	2
3	3
4	4
5	1
6	3

第5日

① 基礎問題

1	1	7	2
2	2	8	2
3	3	9	4
4	3	10	1
5	4	11	3
6	3	12	2

② 応用問題

1	3
2	4
3	2
4	3
5	1
6	4

③ 組み立て問題

1	4
2	2
3	2
4	4
5	3
6	4

④ 文章問題

1	3
2	1
3	2
4	1
5	4
6	2

まとめ問題❶
第1日〜第5日

I

1	2
2	3
3	1
4	4
5	2
6	1
7	3
8	2
9	4
10	4
11	3
12	1
13	2
14	3
15	4
16	2
17	1
18	3
19	4
20	2

II

1	4
2	2
3	3

第6日

① 基礎問題

1	2	7	3
2	4	8	1
3	3	9	3
4	1	10	2
5	2	11	4
6	1	12	3

② 応用問題

1	2
2	3
3	4
4	3
5	1
6	4

③ 組み立て問題

1	4
2	4
3	2
4	4
5	3
6	2

④ 文章問題

1	3
2	2
3	1
4	4
5	3
6	2

第7日

① 基礎問題

1	4	7	1
2	1	8	4
3	3	9	4
4	2	10	3
5	3	11	2
6	2	12	1

② 応用問題

1	4
2	2
3	3
4	1
5	4
6	3

③ 組み立て問題

1	2
2	1
3	1
4	3
5	4
6	1

④ 文章問題

1	1
2	4
3	2
4	3
5	1
6	2

第8日

Ⅰ 基礎問題
1	2	7	4
2	4	8	3
3	2	9	4
4	3	10	1
5	1	11	3
6	3	12	2

Ⅱ 応用問題
1	1
2	2
3	3
4	4
5	4
6	2

Ⅲ 組み立て問題
1	2
2	4
3	1
4	1
5	2
6	1

Ⅳ 文章問題
1	2
2	3
3	4
4	2
5	3
6	1

第9日

Ⅰ 基礎問題
1	4	7	1
2	1	8	3
3	2	9	2
4	3	10	4
5	2	11	3
6	4	12	1

Ⅱ 応用問題
1	1
2	4
3	2
4	3
5	4
6	2

Ⅲ 組み立て問題
1	2
2	1
3	1
4	1
5	3
6	4

Ⅳ 文章問題
1	3
2	4
3	1
4	2
5	3
6	4

第10日

Ⅰ 基礎問題
1	4	7	3
2	2	8	1
3	1	9	3
4	4	10	2
5	3	11	4
6	2	12	2

Ⅱ 応用問題
1	1
2	4
3	2
4	1
5	4
6	3

Ⅲ 組み立て問題
1	4
2	1
3	2
4	4
5	3
6	2

Ⅳ 文章問題
1	2
2	4
3	3
4	1
5	2
6	3

まとめ問題❷
第6日〜第10日

Ⅰ
1	2
2	1
3	4
4	3
5	2
6	1
7	4
8	4
9	3
10	3
11	1
12	2
13	4
14	3
15	4
16	1
17	3
18	2
19	3
20	2

Ⅱ
1	3
2	1
3	2

第11日

Ⅰ 基礎問題

1	2	7	3
2	3	8	2
3	3	9	4
4	4	10	1
5	2	11	3
6	1	12	4

Ⅱ 応用問題

1	3
2	1
3	4
4	3
5	2
6	3

Ⅲ 組み立て問題

1	3
2	3
3	4
4	1
5	2
6	4

Ⅳ 文章問題

1	2
2	1
3	1
4	2
5	1
6	4

第12日

Ⅰ 基礎問題

1	4	7	4
2	1	8	4
3	2	9	4
4	3	10	2
5	2	11	4
6	3	12	1

Ⅱ 応用問題

1	2
2	1
3	4
4	4
5	1
6	2

Ⅲ 組み立て問題

1	2
2	1
3	1
4	3
5	4
6	3

Ⅳ 文章問題

1	2
2	1
3	2
4	4
5	3
6	3

第13日

Ⅰ 基礎問題

1	2	7	4
2	4	8	1
3	1	9	1
4	2	10	1
5	3	11	1
6	2	12	3

Ⅱ 応用問題

1	2
2	4
3	1
4	2
5	1
6	3

Ⅲ 組み立て問題

1	1
2	1
3	4
4	4
5	2
6	3

Ⅳ 文章問題

1	3
2	4
3	1
4	4
5	2
6	4

第14日

Ⅰ 基礎問題

1	4	7	4
2	3	8	4
3	2	9	1
4	1	10	4
5	3	11	3
6	1	12	4

Ⅱ 応用問題

1	3
2	2
3	4
4	3
5	2
6	1

Ⅲ 組み立て問題

1	4
2	3
3	2
4	1
5	4
6	2

Ⅳ 文章問題

1	2
2	1
3	4
4	1
5	2
6	3

第15日

Ⅰ基礎問題

1	3	7	4
2	3	8	2
3	2	9	3
4	3	10	1
5	1	11	4
6	3	12	1

Ⅱ応用問題

1	1
2	2
3	4
4	3
5	1
6	4

Ⅲ組み立て問題

1	3
2	4
3	1
4	4
5	2
6	1

Ⅳ文章問題

1	4
2	2
3	1
4	3
5	2
6	1

まとめ問題③ 第11日～第15日

Ⅰ

1	2
2	4
3	1
4	2
5	3
6	2
7	4
8	2
9	1
10	1
11	2
12	4
13	3
14	2
15	4
16	1
17	3
18	2
19	4
20	3

Ⅱ

1	1
2	3
3	2

第16日

Ⅰ基礎問題

1	2	7	2
2	4	8	3
3	3	9	3
4	1	10	1
5	2	11	2
6	4	12	2

Ⅱ応用問題

1	2
2	1
3	2
4	3
5	1
6	2

Ⅲ組み立て問題

1	3
2	2
3	3
4	3
5	2
6	4

Ⅳ文章問題

1	1
2	2
3	3
4	4
5	3
6	4

第17日

Ⅰ基礎問題

1	2	7	3
2	1	8	2
3	3	9	1
4	4	10	4
5	3	11	3
6	4	12	2

Ⅱ応用問題

1	2
2	1
3	3
4	4
5	2
6	3

Ⅲ組み立て問題

1	4
2	1
3	4
4	3
5	1
6	4

Ⅳ文章問題

1	4
2	1
3	3
4	2
5	1
6	3

第18日

Ⅰ 基礎問題
1	4	7	2
2	2	8	1
3	1	9	3
4	2	10	2
5	3	11	4
6	4	12	1

Ⅱ 応用問題
1	2
2	1
3	4
4	4
5	3
6	2

Ⅲ 組み立て問題
1	4
2	3
3	3
4	3
5	4
6	1

Ⅳ 文章問題
1	2
2	4
3	1
4	3
5	4
6	4

第19日

Ⅰ 基礎問題
1	3	7	1
2	2	8	3
3	1	9	2
4	3	10	4
5	4	11	1
6	2	12	3

Ⅱ 応用問題
1	2
2	3
3	1
4	3
5	3
6	4

Ⅲ 組み立て問題
1	3
2	4
3	2
4	1
5	1
6	4

Ⅳ 文章問題
1	3
2	4
3	3
4	2
5	3
6	4

第20日

Ⅰ 基礎問題
1	2	7	3
2	4	8	2
3	1	9	1
4	3	10	4
5	2	11	2
6	1	12	1

Ⅱ 応用問題
1	2
2	1
3	3
4	1
5	1
6	2

Ⅲ 組み立て問題
1	1
2	3
3	3
4	1
5	3
6	2

Ⅳ 文章問題
1	4
2	2
3	3
4	3
5	1
6	1

まとめ問題❹
第16日〜第20日

Ⅰ
1	2
2	4
3	1
4	4
5	3
6	2
7	3
8	1
9	4
10	1
11	2
12	3
13	4
14	3
15	1
16	2
17	1
18	4
19	2
20	2

Ⅱ
1	4
2	3
3	2

初版第1刷

N2